GUIDE ANALYTIQUE,

OU MODÈLES

D'ANALYSES SIMPLES

ET

D'ANALYSES RAISONNEES.

PARIS, IMPRIMERIE DE POUSSIELGUE,
RUE DE SÈVRES, N. 2.

GUIDE ANALYTIQUE,

OU MODÈLES

D'ANALYSES SIMPLES

ET

D'ANALYSES RAISONNÉES;

PAR L'ABBÉ P. M. BROUSTER.

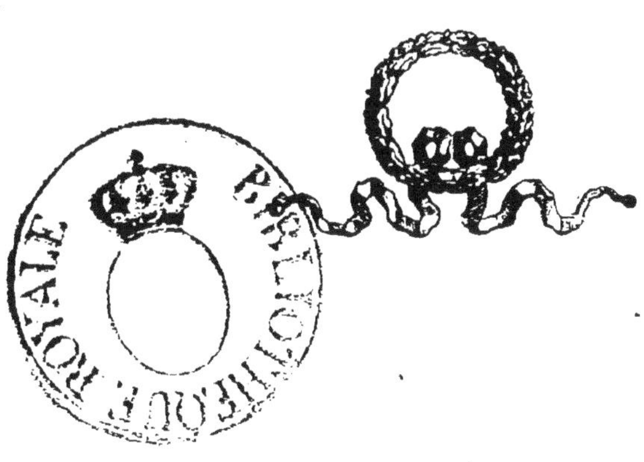

A PARIS,

A LA LIBRAIRIE ECCLÉSIASTIQUE DE MEYER ET Cie,

RUE DU POT-DE-FER SAINT-SULPICE, N. 8,

et chez PRUD'HOMME, à Saint-Brieuc; TALLIBART, à Tréguier, HAMON, à Lannion; Mme TANGUY, à Guingamp; VATAR, à Rennes; BILLER, à Paimpol; Mme PASTOL, à Quintin; Mlle GUERNION, à Lamballe, et à Plouguernével.

1832.

AVERTISSEMENT.

JEUNES ÉLÈVES,

Il est reconnu que l'analyse est un puissant moyen pour hâter les progrès des enfants dans les sciences et pour développer leurs facultés naissantes. J'ai cru donc vous rendre un service en composant ce petit ouvrage, *Guide Analytique* ou *Modèles d'Analyses*. Vous y verrez toutes *les parties du discours* classées par ordre et prises ensuite dans toutes leurs acceptions. Ainsi paraîtra d'abord le *substantif* considéré comme commun, comme collectif et comme propre, employé au masculin et au féminin, au singulier et au pluriel; en sujet et en régime, puis en apostrophe; et ainsi de toutes les autres parties du discours. Maintenant voici la marche que vous suivrez pour analyser bien par le moyen de ce *Guide*. Y a-t-il dans votre devoir un *substantif commun, masculin, pluriel*, et un *adjectif* qui se rapporte à ce *substantif?* Soit pour exemple : *Les* PAONS *sont* ORGUEILLEUX. Voyez à l'acception du *substantif commun*, n° 3, comme est analysé le mot *cerfs*, et analysez le mot *paons* de la même manière. Voyez ensuite pour le mot *orgueilleux* à l'acception de l'*adjectif*, n° 2, comme est analysé l'adjectif *mortels*, et analysez le mot *orgueilleux* de la même manière. Voulez-vous analyser un *article*, un *pronom*? par exemple l'article *la*, LA *mère* est *contente*, et le pronom *elle*, ELLE a *ri* : voyez à l'acception de *l'article* n° 2, comme est analysé l'article *la* qui a rapport à *reine*. Voyez ensuite pour le mot *elle* à l'acception du *pronom personnel*, 3e personne, n° 5, comme est analysé le mot *elle* qui a rapport à *créature*. Voilà, jeunes Elèves, la marche que vous suivrez toujours pour analyser selon les principes par le moyen de ce *Guide*.

Quant aux maîtres qui jugeront ce petit ouvrage digne d'être mis entre les mains de leurs élèves, je me permets de leur conseiller, premièrement d'expliquer cent fois le jour ce que c'est qu'un *nom*, ce que c'est qu'un *adjectif*, un *article*, un *pronom*, un *verbe*, etc.; ce que c'est que le *sujet*, ce que c'est que le *régime*, etc. Deuxièmement, je voudrais que, dans la distribution des devoirs, on suivît l'ordre que l'on voit observé dans ce *Guide Analytique*. Ainsi dans le premier devoir paraîtrait le *substantif* dans toutes ses acceptions, et alors ce mot seulement serait analysé par l'élève. Je voudrais enfin qu'on obligeât les enfants à marquer, après chaque mot analysé par eux, le n° du modèle qu'ils auront choisi pour guide. Par là l'on s'assurerait de leur travail et l'on accélérerait à coup sûr leurs progrès dans l'étude de la grammaire.

MÉTHODE D'ANALYSE GRAMMATICALE.

On entend par *analyse grammaticale* l'examen *des parties du discours* qui composent une proposition ou une phrase, et des rapports qui les lient les unes aux autres pour l'expression de la pensée.

DU NOM OU SUBSTANTIF.

Pour analyser un nom on dira :
1° S'il est propre, commun ou collectif;
2° Quel en est le genre;
3° Quel en est le nombre;
4° S'il est en sujet, ou en régime, ou en apostrophe.

DE L'ARTICLE.

Pour analyser un article on dira :
1° S'il est simple ou composé;
2° A quel genre il est employé;
3° A quel nombre;
4° Quel est le mot qu'il indique, et avec lequel il s'accorde.

DE L'ADJECTIF.

Pour analyser un adjectif on dira :
1° A quel degré il est employé;
2° A quel genre;
3° A quel nombre;
4° Quel est le nom qu'il qualifie, et avec lequel il s'accorde.

DU PRONOM.

Pour analyser un pronom on dira :
1° De quelle espèce il est;
2° De quelle personne;
3° S'il est en sujet, ou en régime, ou en apostrophe;
4° A quel genre il est employé;
5° A quel nombre;
6° De quel mot il tient la place.

DU VERBE.

Pour analyser un verbe on dira :
1° De quelle espèce de verbe il est ;
2° De quelle conjugaison ;
3° A quel mode il est employé ;
4° A quel temps ;
5° A quel nombre ;
6° A quelle personne ;
7° Avec quel mot il s'accorde.

DU PARTICIPE.

Pour faire l'analyse d'un participe on dira :
1° S'il tient du verbe ou de l'adjectif ;
2° S'il est présent ou passé ;
3° S'il est invariable ou s'il doit varier.

DE L'ADVERBE.

Pour faire l'analyse d'un adverbe on dira :
1° S'il est simple ou composé ;
2° S'il est adverbe de temps, de lieu, d'ordre, etc. ;
3° Quelle espèce de mot il modifie.

DE LA PRÉPOSITION.

Pour faire l'analyse d'une préposition on dira :
1° Quels mots elle lie et met en rapport ;
2° Quel en est l'antécédent ;
3° Quel en est le complément.

DE LA CONJONCTION.

Pour faire l'analyse d'une conjonction on dira :
1° Si elle est copulative ou adversative, etc. ;
2° Quels sont les mots ou les propositions qu'elle lie.

DE L'INTERJECTION.

On dira quel sentiment de l'âme elle exprime.

GUIDE ANALYTIQUE,

OU

MODÈLES

D'ANALYSES SIMPLES.

ACCEPTIONS (1) DU NOM OU SUBSTANTIF.

NOMS EN SUJET.

NOMS COMMUNS. — Un HOMME a été blessé. Une MAISON s'est écroulée. Deux CERFS avaient été lancés. Deux BICHES auraient été prises.

1. *Homme*, nom commun, masculin, singulier, sujet du verbe *a été blessé*.
2. *Maison*, nom com. fém. sing. sujet du verbe *s'est écroulée*.
3. *Cerfs*, nom com. masc. pluriel, sujet du verbe *avaient été lancés*.
4. *Biches*, nom com. fém. plur. sujet du verbe *auraient été prises*.

NOMS COLLECTIFS. — Le PEUPLE est inconstant. Une FOULE de monde arrive.

1. *Peuple*, nom com. collectif *général*, masc. sing. sujet du verbe *est*.
2. *Foule*, nom com. collectif *partitif*, fém. sing. sujet du verbe *arrive*.

---

(1) Par ce terme j'entends ici les différents emplois des *Parties du Discours*, les différentes manières de les considérer.

NOMS COMPOSÉS. — Ces CHEFS-D'OEUVRE sont de Bossuet. Les CHIENS-LOUPS sont nuisibles. Les PETITS-MAÎTRES sont difficiles à contenter. Deux ESSUIE-MAINS et deux PRIE-DIEU ont été volés. Douze AVANT-COUREURS arrivent.

1. *Chefs-d'œuvre*, nom com. masc. plur. composé de deux substantifs unis par la préposition *de*; le premier prend seul la marque du pluriel (s. du v. *sont*.)
2. *Chiens-loups*, nom com. masc. plur. composé de deux substantifs qui prennent l'un et l'autre la marque du plur. (s. du v. *sont*.)
3. *Petits-maîtres*, nom com. masc. plur. composé d'un adjectif et d'un substantif qui prennent l'un et l'autre la marque du plur. (s. du v. *sont*.)
4. *Essuie-mains*, nom com. masc. plur. composé d'un subst. et d'un verbe; le subst. seul (*mains*) prend la marque du plur. (1er. s. du v. *ont été volés*.)
5. *Prie-Dieu*, nom com. masc. plur. composé d'un subst. et d'un verbe, qui ne prennent ni l'un ni l'autre la marque du plur. (2e. s. du v. *ont été volés*.)
6. *Avant-coureurs*, nom com. masc. plur. composé d'un subst. et d'une préposition; le subst. seul (*coureurs*) prend la marque du plur. (s. du v. *arrivent*.)

NOMS PROPRES. — Les deux RACINE ont écrit en vers. Les BOSSUETS sont rares.

1. *Racine*, nom propre, masc. plur. invariable, sujet du verbe *ont écrit*.
2. *Bossuets*, nom prop. pris par comparaison, masc. plur. sujet du verbe *sont*.

NOMS EN RÉGIME.

Annibal offre la PAIX à SCIPION. Nous recherchons les BIENS de la fortune avec ARDEUR.

1. *Paix*, nom com. fém. sing. en rég. simple du verbe *offre*.
2. *Scipion*, nom propre, masc. sing. en rég. composé du verbe *offre*.
3. *Biens*, nom com. masc. plur. en rég. simp. du verbe *recherchons*.
4. *Ardeur*, nom com. fém. sing. en rég. comp. du verbe *recherchons*.

NOMS EN APOSTROPHE.

Mon FILS, aimez le Seigneur! O VIERGE MARIE, pour moi priez Dieu!

1. *Fils*, nom com. masc. sing. en apostrophe.
2. *Marie*, nom prop. fém. sing. en apostrop.

ACCEPTIONS DE L'ARTICLE.

ARTICLES SIMPLES. — LE roi, LA reine, LES ministres et LES princesses sont à Marly.

1. *Le*, article simple, masc. sing. indique *roi* et s'accorde avec ce subst.
2. *La*, art. simp. fém. sing. indique *reine* et s'accorde avec ce subst.
3. *Les*, art. simp. masc. plur. indique *ministres* et s'accorde avec ce subst.
4. *Les*, art. simp. fém. plur. indique *princesses* et s'accorde avec ce subst.

ARTICLES COMPOSÉS. — Les vertus DU chrétien. La vie DES martyrs. Le palais DES reines. Allez AU hameau. Assistez AUX offices. Obéissez AUX lois.

1. *Du* (pour *de le*), art. comp. masc. sing. indique *chrétien* et s'accorde avec ce subst.
2. *Des* (pour *de les*), art. comp. masc. plur. indique *martyrs* et s'accorde avec ce subst.
3. *Des* (pour *de les*), art. comp. fém. plur. indique *reines* et s'accorde avec ce subst.
4. *Au* (pour *à le*), art. comp. masc. sing. indique *hameau* et s'accorde avec ce subst.
5. *Aux* (pour *à les*), art. comp. masc. plur. indique *offices* et s'accorde avec ce subst.
6. *Aux* (pour *à les*), art. comp. fém. plur. indique *lois* et s'accorde avec ce subst.

ACCEPTIONS DE L'ADJECTIF.

ACCORD DE L'ADJECTIF AVEC UN SEUL SUBSTANTIF.

ADJECTIFS AU POSITIF. — L'enfant est LÉGER. Les hommes sont mortels. La terre est RONDE. Les étoiles sont NOMBREUSES.

1. *Léger*, adjectif au positif, masc. sing. qualifie *enfant* et s'accorde avec ce substantif en genre et en nombre.
2. *Mortels*, adj. au posit. masc. plur. qualifie *hommes* et s'accorde avec ce subst. en genre et en nombre.
3. *Ronde*, adj. au posit. fém. sing. qualifie *terre* et s'accorde avec ce subst. en genre et en nombre.
4. *Nombreuses*, adj. au posit. fém. plur. qualifie *étoiles* et s'accorde avec ce subst. en genre et en nombre.

ADJECTIFS AU COMPARATIF. — Le soleil est PLUS GRAND que la lune. L'Europe est MOINS GRANDE que l'Asie. Les Macédoniens étaient AUSSI VAILLANTS que les Romains. Les poires sont MEILLEURES que les pommes.

1. *Plus grand*, adj. au comparatif de supériorité marqué par *plus*, masc. sing. qualifie *soleil* et s'accorde avec ce subst. en genre et en nombre.
2. *Moins grande*, adj. au comp. d'infériorité marqué par *moins*, fém. sing. qualifie *Europe* et s'accorde avec ce subst. en genre et en nombre.
3. *Aussi vaillants*, adj. au comp. d'égalité marqué par *aussi*, masc. plur. qualifie *Macédoniens* et s'accorde avec ce subst. en genre et en nombre.
4. *Meilleures*, adj. au comp. de supériorité, fém. plur. qualifie *poires* et s'accorde avec ce subst. en genre et en nombre.

ADJECTIFS AU SUPERLATIF. — LE soleil est TRÈS-GRAND. La reine Artémise était FORT COURAGEUSE. Les honnêtes gens sont BIEN RARES. Ces femmes sont EXTRÊMEMENT RICHES. Cicéron était LE PLUS ÉLOQUENT des orateurs romains. Cléopâtre était LA PLUS MÉCHANTE des femmes. Est-ce dans ce temps que LES PLUS GRANDS hommes sont le plus communs? La justice et la charité sont LES PLUS BELLES vertus. Voici MON PLUS GRAND embarras.

1. *Très-grand*, adj. au superlatif absolu marqué par *très*, masc. sing. qualifie *soleil*, et s'accorde avec ce subst. en genre et en nombre.
2. *Fort courageuse*, adj. au superl. absolu, marqué par *fort*, fém. sing. qualifie *Artémise* et s'accorde avec ce subst. en genre et en nombre.
3. *Bien rares*, adj. au superl. abs. marqué par *bien*, masc. plur. qualifie *gens* et s'accorde avec ce subst. en genre et en nomb.
4. *Extrêmement riches*, adj. au superl. abs.

marqué par *extrêmement*, fém. plur. qualifie *femmes* et s'accorde avec ce subst. en genre et en nombre.

5. *Le plus éloquent*, adj. au superl. relatif marqué par *le plus*, masc. sing. qualifie *orateur* sous-entendu au sing. et s'accorde avec ce subst. en genre et en nombre.
6. *La plus méchante*, adj. au superl. rel. marqué par *la plus*, fém. sing. qualifie *femme* sous-ent. au sing. et s'accorde avec ce subst. en genre et en nomb.
7. *Les plus grands*, adj. au superl. rel. marqué par *les plus*, masc. plur. qualifie *hommes* et s'accorde avec ce subst. en genre et en nombre.
8. *Les plus belles*, adj. au superl. rel. marqué par *les plus*, fém. plur. qualifie *vertus* et s'accorde avec ce subst. en genre et en nombre.
9. *Mon plus grand*, adj. au superl. rel. marqué par *mon plus*, masc. sing. qualifie *embarras* et s'accorde avec ce subst. en genre et en nombre.

ADJECTIFS DÉMONSTRATIFS.

CE livre et CETTE table, CES tableaux et CES gravures ont été vendus trop cher.

1. *Ce*, adjectif démonstratif, masc. sing. fait la fonction de l'art. et s'accorde avec *livre* en genre et en nombre.
2. *Cette*, adj. démonst. fém. sing. fait la fonction de l'art. et s'accorde avec *table* en genre et en nombre.
3. *Ces*, adj. démonstrat. masc. plur. fait la

fonction de l'art. et s'accorde avec *tableaux* en genre et en nombre.

4. *Ces*, adj. démonst. fém. plur. fait la fonction de l'art. et s'accorde avec *gravures* en genre et en nombre.

ADJECTIFS POSSESSIFS.

MON jardin et MA maison, MES béliers et MES brebis ont été achetés. TON serin et TA linotte, TES pigeons et TES oies, SON rossignol et SA tourterelle, SES merles et SES alouettes ont été volés. NOTRE lit et NOTRE table, NOS bancs et NOS chaises, VOTRE buffet et VOTRE commode, VOS verres et VOS bouteilles, LEUR pot et LEUR cruche, LEURS miroirs et LEURS glaces, tout a été brisé.

1. *Mon*, adj. possessif, masc. sing. fait la fonction de l'art. et s'accorde avec *jardin*.
2. *Ma*, adj. poss. fém. sing. fait la fonction de l'art. et s'accorde avec *maison*.
3. *Mes*, adj. poss. masc. plur. fait la fonct. de l'art. et s'accorde avec *béliers*.
4. *Mes*, adj. poss. fém. plur. fait la fonction de l'art. et s'accorde avec *brebis*.
5. *Ton*, adj. poss. masc. sing. fait la fonct. de l'art. et s'accorde avec *serin*.
6. *Ta*, adj. poss. fém. sing. fait la fonction de l'art. et s'accorde avec *linotte*.
7. *Tes*, adj. poss. masc. plur. fait la fonct. de l'art. et s'accorde avec *pigeons*.
8. *Tes*, adj. poss. fém. plur. fait la fonction de l'art. et s'accorde avec *oies*.
9. *Son*, adj. poss. masc. sing. fait la fonct. de l'art. et s'accorde avec *rossignol*.
10. *Sa*, adj. poss. fém. sing. fait la fonction de l'art. et s'accorde avec *tourterelle*.
1 *Ses*, adj. poss. masc. plur. fait la fonc-

tion de l'article et s'accorde avec *merles.*

12. *Ses,* adj. poss. fém. plur. fait la fonction de l'art. et s'accorde avec *alouettes.*

13. *Notre,* adj. poss. masc. sing. fait la fonct. de l'art. et s'accorde avec *lit.*

14. *Notre,* adj. poss. fém. sing. fait la fonct. de l'art. et s'accorde avec *table.*

15. *Nos,* adj. poss. masc. plur. fait la fonct. de l'art. et s'accorde avec *bancs.*

16. *Nos,* adj. poss. fém. plur. fait la fonct. de l'art. et s'accorde avec *chaises.*

17. *Votre,* adj. poss. masc. sing. fait la fonction de l'art. et s'accorde avec *buffet.*

18. *Votre,* adj. poss. fém. sing. fait la fonct. de l'art. et s'accorde avec *commode.*

19. *Vos,* adj. poss. masc. plur. fait la fonct. de l'art. et s'accorde avec *verres.*

20. *Vos,* adj. poss. fém. plur. fait la fonct. de l'art. et s'accorde avec *bouteilles.*

21. *Leur,* adj. poss. masc. sing fait la fonct. de l'art. et s'accorde avec *pot.*

22. *Leur,* adj. poss. fém. sing. fait la fonct. de l'art. et s'accorde avec *cruche.*

23. *Leurs,* adj. poss. fém. plur. fait la fonct. de l'art. et s'accorde avec *miroirs.*

24. *Leurs,* adj. poss. fém. plur. fait la fonct. de l'art. et s'accorde avec *glaces.*

ADJECTIFS NUMÉRAUX.

Quatre-VINGTS vaisseaux iront à Terre-Neuve. J'ai vu un homme âgé de quatre-VINGT-dix-neuf ans. Mathusalem vécut neuf CENTS ans. Deux CENT vingt soldats passeront par ici. Quarante MILLE Français vont faire le siége d'Alger. Nous sommes en MIL huit cent trente deux.

1. *Vingts,* adjectif de nombre cardinal, fait

la fonction de l'article et prend *s* parce qu'il est multiplié et qu'il est devant un substantif

2. *Vingt*, adj. de nomb. card. fait la fonct. de l'art. et est invariable parce qu'il est suivi d'un autre adj. de nombre.
3. *Cents*, adj. de nomb. card. fait la fonct. de l'art. et prend *s* parcequ'il estmultiplié et qu'il est suivi d'un subst.
4. *Cent*, adj. de nomb. card. fait la fonction de l'art. et est invar. parce qu'il est suivi d'un autre adj. de nombre.
5. *Mille*, adj. de nomb. card. fait la fonct. de l'art. et est invar. parce qu'il marque le nombre.
6 *Mil*, adj. de nomb. card. employé pour le nomb. ordinal, fait la fonct. de l'art. et est invar. parce qu'il marque une date d'année.

ADJECTIF COLLECTIF. — *Tout, toute.*

TOUTE mon âme s'attache à la cour. On m'interrompt à TOUTE minute. TOUTES les superstitions sont dangereuses. Les Français sont TOUT feu pour entreprendre. Ce chien a les oreilles TOUT écorchées. Vous me dites là une chose TOUTE nouvelle.

1. *Toute*, adjectif collectif, fém. sing. s'accorde avec *âme*.
2. *Toute*, adj. coll. fém. sing. s'accorde avec *minute*.
3. *Toutes*, adj. coll. fém. plur. s'accorde avec *superstitions*.
4. *Tout*, adj. pris adverbialement, signifiant *tout à fait*, invariable.

5. *Tout*, adj. pris adverb. signifiant *entièrement*, invariable.
6. *Toute*, adj. pris adverb. s'accorde avec *chose*, parce qu'il est devant un adj. fém. qui commence par une consonne.

ADJECTIF INDÉFINI. — *Quelque.*

QUELQUE puissants que soient les monarques, ils sont mortels comme leurs sujets. QUELQUES faux bruits qu'on a semés.... QUELQUES raisons qu'on m'allègue.... QUELLE QUE soit votre intention....

1. *Quelque*, adj. pris adverbialement, modifie *puissants* et est invariable.
2. *Quelques*, adj. masc. plur. s'accorde avec *bruits*.
3. *Quelques*, adj. fém. plur. s'accorde avec *raisons*.
4. *Quelle*, adj. fém. sing. s'accorde avec *intention*

2. ACCORD DE L'ADJECTIF AVEC PLUSIEURS SUBSTANTIFS.

Le roi et le berger sont ÉGAUX après la mort. La reine et la duchesse sont GÉNÉREUSES. Le mensonge et la vérité sont OPPOSÉS.

1. *Egaux*, adjectif au positif, masc. plur. qualifie *roi* et *berger* dont il prend le genre et le nombre.
2. *Généreuses*, adj. au posit. fém. plur. qualifie *reine* et *duchesse* dont il prend le genre et le nombre.
3. *Opposés*, adj. au posit. masc. plur. qualifie *mensonge* et *vérité* dont il prend le genre et le nombre.

ACCEPTIONS DU PRONOM.

PRONOMS PERSONNELS EN SUJET.

1re PERSONNE. — JE me trompe, disait le ministre à la reine, c'est à vous qu'on en veut. JE me vois mourir, disait la reine Blanche à son fils. NOUS sommes observés, disait IV Henri à Sully. NOUS règnerons, dirent les femmes.

1. *Je*, pronom pers. 1re pers. masc. sing. tenant la place du substantif *ministre* dont il prend le genre et le nombre, sujet de *trompe*.
2. *Je*, pron. pers. 1re pers. fém. sing. tenant la place du subst. *reine* dont il prend le genre et le nombre, sujet de *vois*.
3. *Nous*, pron. pers. 1re pers. masc. plur. tenant la place des substantifs *Henri* et *Sully* dont il prend le genre et le nombre, sujet de *sommes observés*.
4. *Nous*, pron. pers. 1re pers. fém. plur. tenant la place du subst. *femmes* dont il prend le genre et le nomb. sujet de *règnerons*.

2e PERSONNE. — TU dors, Brutus, et Rome est dans les fers. Lucrèce, TU te déshonores. Romains, VOUS serez vaincus par Annibal. VOUS pleurez, filles de Jérusalem. VOUS n'êtes pas chrétienne, Zaïre.

1. *Tu*, pron. pers. 2e pers. masc. sing. tenant la place du subst. *Brutus* dont il prend le genre et le nomb. sujet de *dors*.
2. *Tu*, pron. pers. 2e pers. fém. sing. tenant la place du subst. *Lucrèce* dont il prend le genre et le nomb. sujet de *déshonores*.
3. *Vous*, pron. pers. 2e pers. masc. plur. tenant la place du subst. *Romains* dont il prend le genre et le nomb. sujet de *serez vaincus*.

4. *Vous*, pron. pers. 2ᵉ pers. fém. plur. tenant la place du subst. *filles* dont il prend le genre et le nomb. sujet de *pleurez*.
5. *Vous*, pron. pers. 2ᵉ pers. fém. sing. tenant la place du subst. *Zaïre* dont il prend le genre et le nomb. sujet de *êtes*.

3ᵉ PERSONNE. — Le renard dit qu'IL n'était pas coupable. Les ennemis se hâtent; ILS seront bientôt ici. Votre fils était à cette bataille; LUI et son capitaine se sont distingués. J'ai vu vos enfants; EUX et les miens vous offrent leurs respects. Qu'ELLE est laide, cette petite créature! Qu'ELLES sont impertinentes, ces personnes-là!

1. *Il*, pron. pers. 3ᵉ pers. masc. sing. tenant la place du subst. *renard* dont il prend le genre et le nomb. sujet de *était*.
2. *Ils*, pron. pers. 3ᵉ pers. masc. plur. tenant la place du subst. *ennemis* dont il prend le genre et le nomb. sujet de *seront*.
3. *Lui*, pron. pers. 3ᵉ pers. masc. sing. tenant la place du subst. *fils* dont il prend le genre et le nomb. 1ᵉʳ sujet de *se sont distingués*
4. *Eux*, pron. pers. 3ᵉ pers. masc. plur. tenant la place du subst. *enfants* dont il prend le genre et le nomb. sujet de *offrent*.
5. *Elle*, pron. pers. 3ᵉ pers. fém. sing. tenant la place du subst. *créature* dont il prend le genre et le nomb. sujet de *est*.
6. *Elles*, pron. pers. 3ᵉ pers. fém. plur. tenant la place du subst. *personnes* dont il prend le genre et le nomb. sujet de *sont*.

PRONOMS PERSONNELS EN RÉGIME.

1ʳᵉ PERSONNE — Dieu ME protége, disait Louis IX. Cet enfant ME plaît, disait la fille de Pharaon. Dieu NOUS aime, disaient les Israélites. Vous NOUS devez l'obéissance, à nous ministres.

1. *Me*, pron. pers. 1re pers. masc. sing. tenant la place du subst. *Louis IX* dont il prend le genre et le nomb. rég. simple du verbe *protége*.
2. *Me* (pour *à moi*), pron. pers. 1re pers. fém. sing. tenant la place du subst. *fille* dont il prend le genre et le nomb. rég. composé de *plaît*.
3. *Nous*, pron. pers. 1re pers. masc. plur. tenant la place du subst. *Israélites* dont il prend le genre et le nomb. rég. simple de *aime*.
4. *Nous* (pour *à nous*), pron. pers. 1re pers. masc. plur. tenant la place du subst. *ministres* dont il prend le genre et le nomb. rég. composé de *devez*.

2e PERSONNE. — Tu TE trompes, César. Tu TE nuis, ma fille. Je VOUS punirai, enfants indociles. Dieu VOUS fera miséricorde, pécheresses repentantes.

1. *Te*, pron. pers. 2e pers. masc. sing. tenant la place du subst. *César* dont il prend le genre et le nomb. rég. simple de *trompes*.
2. *Te* (pour *à toi*), pron. pers. 2e pers. fém. sing. tenant la place du subst. *fille* dont il prend le genre et le nomb. rég. composé de *nuis*.
3. *Vous*, pron. pers. 2e pers. masc. plur. tenant la place du subst. *enfants* dont il prend le genre et le nomb. rég. simple de *punirai*.
4. *Vous* (pour *à vous*), pron. pers. 2e pers.

fém. plur. tenant la place du subst. *pécheresses* dont il prend le genre et le nomb. rég. composé de *fera*.

3e PERSONNE. — J'ai vu là votre père ; je n'ai connu que LUI. Nous connaissons votre mère ; nous LUI donnerons de vos nouvelles. Vos frères étaient là ; on n'a loué qu'EUX. Que ces personnes sont à plaindre! on n'en veut qu'à ELLES. N'aimer que soi, c'est être égoïste. Qui ne vit que pour SOI, n'est pas digne de vivre. L'homme orgueilleux SE loue. Les Romains SE sont fait une réputation colossale. Cette femme s'estime un peu trop. Ces dames SE disent des injures. Je connais les juges : je LEUR parlerai de votre affaire. Que ces personnes sont bienfaisantes! on LEUR doit le respect.

1. *Lui*, pron. pers. 3e pers. masc. sing. tenant la place du subst. *père* dont il prend le genre et le nomb. rég. simple de *ai connu*.
2. *Lui* (pour *à elle*), pron. pers. 3e pers. fém. sing. tenant la place du subst. *mère* dont il prend le genre et le nomb. rég. composé de *donnerons*.
3. *Eux*, pron. pers. 3e pers. masc. plur. tenant la place du subst. *frères* dont il prend le genre et le nomb. rég. simple de *a loué*.
4. *Elles*, pron. pers. 3e pers. fém. plur. tenant la place du subst. *personnes* dont il prend le genre et le nomb. rég. composé de *on n'en veut*.
5. *Soi*, pron. pers. 3e pers. sing. des deux genres, rég. simple de *aimer*.
6. *Soi*, pron. pers. 3e pers. sing. des deux genres, rég. composé de *vit*.
7. *Se*, pron. pers. 3e pers. masc. sing. tenant la place du subst. *homme* dont il

prend le genre et le nomb. rég. simple de *loue*.

8. *Se* (pour *à eux*), pron. pers. 3e pers. masc. plur. tenant la place du subst. *Romains* dont il prend le genre et le nomb. rég. comp. de *ont fait*.

9. *Se*, pron. pers. 3e pers. fém. sing. tenant la place du subst. *femme* dont il prend le genre et le nomb. rég. simple de *estime*.

10. *Se* (pour *à elles*), pron. pers. 3e pers. fém. plur. tenant la place du subst. *dames* dont il prend le genre et le nomb. rég. comp. de *disent*.

11. *Leur* (pour *à eux*), pron. pers. 3e pers. masc. plur. tenant la place du subst. *juges* dont il prend le genre et le nomb. rég. comp. de *parlerai*.

12. *Leur* (pour *à elles*), pron. pers. 3e pers. fém. plur. tenant la place du subst. *personnes* dont il prend le genre et le nomb. rég. comp. de *doit*.

PRONOMS POSSESSIFS EN SUJET.

1re PERSONNE. — Votre père et le MIEN, votre mère et la MIENNE vivent en bonne intelligence. Votre souverain est cruel, le NÔTRE est clément. Sa leçon et la NÔTRE ont été apprises.

1. *Mien*, pronom possessif, 1re pers. masc. sing. tenant la place du subst. *père* dont il prend le genre et le nombre, sujet de *vivent*.

2. *Mienne*, pron. poss. 1re pers. fém. sing. tenant la place du subst. *mère* dont il prend le genre et le nomb. autre sujet de *vivent*.

3. *Nôtre*, pron. poss. 1re pers. masc. sing. tenant la place du subst. *souverain* dont il prend le genre et le nomb. sujet de *est*.
4. *Nôtre*, pron. poss. 1re pers. fém. sing. tenant la place du subst. *leçon* dont il prend le genre et le nomb. 2e sujet de *ont été apprises*.

2e PERSONNE. — Mon livre et le TIEN, ma plume et la TIENNE ont été volés. Tel était leur général, tel est le VÔTRE. Ma gloire et la VÔTRE ne se sont point ternies.

1. *Tien*, pron. poss. 2e pers. masc. sing. tenant la place du subst. *livre* dont il prend le genre et le nomb. sujet de *ont été volés*.
2. *Tienne*, pron. poss. 2e pers. fém. sing. tenant la place du subst. *plume* dont il prend le genre et le nomb. autre sujet de *ont été volés*.
3. *Vôtre*, pron. poss. 2e pers. masc. sing. tenant la place du subst. *général* dont il prend le genre et le nomb. sujet de *est*.
4. *Vôtre*, pron. poss. 2e pers. fém. sing. tenant la place du subst. *gloire* dont il prend le genre et le nomb. 2e sujet de *ne se sont point ternies*.

3e PERSONNE. — Votre honneur et le SIEN ont été ternis. Mon avoine et la SIENNE ont été endommagées. Votre ouvrage et le LEUR sont estimés. Sa vie et la LEUR ont été en danger.

1. *Sien*, pron. poss. 3e pers. masc. sing. tenant la place du subst. *honneur* dont il prend le genre et le nomb. 2e sujet de *ont été ternis*.
2. *Sienne*, pron. poss. 3e pers. fém. sing. tenant la place du subst. *avoine* dont il prend

le genre et le nomb. 2e sujet de *ont été endommagées*.

3. *Leur*, pron. poss. 3e pers. masc. sing. tenant la place du subst. *ouvrage* dont il prend le genre et le nomb. 2e sujet de *sont estimés*.
4. *Leur*, pron. poss. 3e pers. fém. sing. tenant la place du subst. *vie* dont il prend le genre et le nomb. 2e sujet de *ont été en danger*.

PRONOMS POSSESSIFS EN RÉGIME.

1re PERSONNE. — On estime vos frères et les MIENS. On a nui à vos sœurs et AUX MIENNES. Il vante ses combats et les NÔTRES. L'histoire fera mention de leurs victoires et des NÔTRES.

1. *Miens*, pron. poss. 1re pers. masc. plur. tenant la place du subst. *frères* dont il prend le genre et le nomb. rég. simple du verbe *estime*.
2. *Miennes*, pron. pers. 1re pers. fém. plur. tenant la place du subst. *sœurs* dont il prend le genre et le nomb. rég. composé du verbe *a nui*.
3. *Nôtres*, pron. poss. 1re pers. masc. plur. tenant la place du subst. *combats* dont il prend le genre et le nomb. rég. simp. du verbe *vante*.
4. *Nôtres*, pron. poss. 1re pers. fém. plur. tenant la place du subst. *victoires* dont il prend le genre et le nomb. rég. comp. du verbe *fera*.

2e PERSONNE. — On a volé mes oiseaux et les TIENS. Il s'est servi de mes armes et des TIENNES. Je loue leurs plans et les VÔTRES. Servez-vous de leurs armes et des VÔTRES.

1. *Tiens*, pron. pers. 2e pers. masc. plur. tenant la place du subst. *oiseaux* dont il prend le genre et le nomb. rég. simp. du verbe *a volé*.

2. *Tiennes*, pron. poss. 2e pers. fém. plur. tenant la place du subst. *armes* dont il prend le genre et le nomb. rég. comp. du verbe *s'est servi*.

3. *Vôtres*, pron. poss. 2e pers. masc. plur. tenant la place du subst. *plans* dont il prend le genre et le nomb. rég. simp. du verbe *loue*.

4. *Vôtres*, pron. poss. 2e pers. fém. plur. tenant la place du subst. *armes* dont il prend le genre et le nomb. rég. comp. du verbe *servez-vous*.

3e PERSONNE. — On a vendu mes biens et les SIENS. On parle de vos vertus et des SIENNES. On a brûlé mes livres et les LEURS. J'écris avec mes plumes et les LEURS.

1. *Siens*, pron poss. 3e pers. masc. plur. tenant la place du subst. *biens* dont il prend le genre et le nomb. rég. simp. du verbe *a vendu*.

2. *Siennes*, pron. poss. 3e pers. fém. plur. tenant la place du subst. *vertus* dont il prend le genre et le nomb. rég. comp. du verbe *parle*.

3. *Leurs*, pron. poss. 3e pers. masc. plur. tenant la place du subst. *livres* dont il prend le genre et le nomb. rég. simp. du verbe *a brûlé*.

4. *Leurs*, pron. poss. 3e pers. fém. plur. tenant la place du subst. *plumes* dont il prend le genre et le nomb. rég. comp. du verbe *j'écris*.

PRONOMS DÉMONSTRATIFS EN SUJET.

Cet homme est double; CELUI dont vous me parlez est franc. Cette femme est charitable; CELLE qui vous a injurié est médisante. Artémise et Xerxès étaient bien différents; CELUI-CI était lâche, CELLE-LA courageuse. C'est le savoir que j'estime.

1. *Celui*, pronom démonstratif de la 3e pers. masc sing. tenant la place du subst. *homme*, sujet de *est*.
2. *Celle*, pron. démonst. de la 3e pers. masc. sing. tenant la place du subst. *femme*, sujet de *est*,
3. *Celui-ci*, pron. démonst de la 3e pers. masc. sing. tenant la place du subst. *Xerxès*, sujet de *était*.
4. *Celle-là*, pron. démonst. de la 3e pers. fém. sing. tenant la place du subst. *Artémise*, sujet de *était* sous-entendu.
5. *Ce*, pron. démonst. de la 3e pers. masc. sing. tenant la place du subst. *objet* sous-entendu, sujet de *est*.

PRONOMS DÉMONSTRATIFS EN RÉGIME.

Je n'aime pas ces ouvrages; je préfère CEUX que je viens d'acheter. Voilà de bien belles armes, je me servirai de CELLES qui vous ont appartenu. Les Romains et les nations voisines étaient souvent en guerre; l'histoire met CEUX-LA au-dessus de CELLES-CI pour la valeur. Nous estimons souvent CE que d'autres méprisent.

1. *Ceux*, pron. démonst. de la 3e pers. masc. plur. tenant la place du subst. *ouvrages*, rég. simp. de *préfère*.
2. *Celles*, pron. démonst. de la 3e pers. fém. plur. tenant la place du subst. *armes*, rég. comp. de *servirai*,

3. *Ceux-là*, pron. démonst. de la 3ᵉ pers. masc. plur. tenant la place du subst. *Romains*, rég. simp. de *met*.
4. *Celles-ci*, pron. démonst. de la 3ᵉ pers. fém. plur. tenant la place du subst. *nations*, complément de la prép. *de*.
5. *Ce*, pron. démonst. de la 3ᵉ pers. masc. sing. tenant la place du subst. *objet*, sous-entendu, rég. simp. de *estimons*.

PRONOMS RELATIFS EN SUJET.

Le premier QUI fut roi fut un soldat heureux. C'est la reine QUI a fait cette grande aumône.

Ce sont les Romains QUI ont subjugué l'univers. Voilà les nations qui ont le plus de renom.

1. *Qui*, pron. relatif, masc. sing. tenant la place du subst. *homme* sous-ent. dont il prend le genre et le nomb. sujet du verbe *fut*.
2. *Qui*, pron. relat. fém. sing. tenant la place du subst. *reine* dont il prend le genre et le nomb. sujet du verbe *a fait*.
3. *Qui*, pron. relat. masc. plur. tenant la place du subst. *Romains* dont il prend le genre et le nombre sujet du verbe *ont subjugué*.
4. *Qui*, pron. relat. fém. plur. tenant la place du subst. *nations* dont il prend le genre et le nomb. sujet du verbe *ont*.

PRONOMS RELATIFS EN RÉGIME.

Un grand cœur est touché du don QU'on lui fait. Les vertus QUE j'ai rencontrées sous le chaume....

Le travail AUQUEL je me livre.... Les sciences AUXQUELLES je m'applique.... Le livre DONT je me sers.... Les histoires DONT je fais ma lecture.... Prenez ce fruit, le goût EN est excellent. Aimons toutes les personnes et n'EN médisons jamais. Cette maison menace ruine, éloignez-vous-EN. Les blés étaient mûrs lorsque Samson Y mit le feu. Le bonheur éternel est ce à QUOI nous devons aspirer. La chose à QUOI l'avare pense le moins....

1. *Que*, pron. rel. masc. sing. tenant la place du subst. *don* dont il prend le genre et le nomb. rég. simp. du verbe *fait*.
2. *Que*, pron. relat. fém. plur. tenant la place du subst. *vertus* dont il prend le genre et le nomb. rég. simp. du verbe *ai rencontrées*.
3. *Auquel* (pour *à lequel*), pron. rel. masc. sing. tenant la place du subst. *travail* dont il prend le genre et le nomb. rég. comp. du verbe *je me livre*.
4. *Auxquelles* (pour *à lesquelles*), pron. rel. fém. plur. tenant la place du subst. *sciences* dont il prend le genre et le nomb. rég. comp. du verbe *applique*.
5. *Dont* (pour *duquel*), pron. relat. masc. sing. tenant la place du subst. *livre* dont il prend le genre et le nomb. rég. comp. du verbe *sers*.
6. *Dont* (pour *desquelles*), pron. rel. fém. plur. tenant la place du subst. *histoires* dont il prend le genre et le nomb. rég. composé du verbe *fais*.
7. *En* (pour *de lui*). pron. rel. masc. sing. tenant la place du subst. *fruit* dont il prend le genre et le nomb. complément de la préposition *de* sous-entendue.
8. *En* (pour *d'elles*), pron. relat. fém. plur. tenant la place du subst. *personnes* dont il prend le genre et le nomb. rég. composé de *médisons*.

9. *En* (pour *d'elle*), pron. relat. fém. sing. tenant la place du subst. *maison* dont il prend le genre et le nomb. rég. composé d'*éloignez*.

10. *Y* (pour *à eux*), pron. rel. masc. plur. tenant la place du subst. *blés* dont il prend le genre et le nomb. rég. composé de *mit*.

11. *Quoi*, pron. relat. masc. sing. tenant la place du subst. *objet* sous-ent. dont il prend le genre et le nomb. rég. composé de *aspirer*.

12. *Quoi*, pron. relat. fém. sing. tenant la place du subst. *chose*, dont il prend le genre et le nomb. rég. composé de *pense*.

SUITE.

LE, LA, LES. — Le vrai bonheur n'est qu'au ciel, il faut LE mériter. Que la vertu est belle! pratiquez-LA. Prenez ces livres, je LES ai achetés pour vous. Les richesses se perdent, méprisez-LES. J'aime sa victoire, et je LE puis sans craindre. Etes-vous chrétienne? oui, je LE suis.

1. *Le*, pron. relat. masc. sing. tenant la place du subst. *bonheur* dont il prend le genre et le nomb. rég. simple de *mériter*.

2. *La*, pron. relat. fém. sing. tenant la place du subst. *vertu* dont il prend le genre et le nomb. rég. simple de *pratiquez*.

3. *Les*, pron. relat. masc. plur. tenant la place du subst. *livres* dont il prend le genre et le nomb. rég. simple de *ai achetés*.

4. *Les*, pron. relat. fém. plur. tenant la place du subst. *richesses* dont il prend le genre et le nomb. rég. simple de *méprisez*.

5. *Le*, pron. relat. invariable, parce qu'il tient la place de l'infinitif *aimer* et de son

régime *victoire* sous-ent. (je puis *aimer sa victoire*).

6. *Le*, pron. relat. invariable, parce qu'il tient la place de l'adjectif *chrétienne*.

PRONOMS INDÉFINIS.

ON relit tout Racine. ON choisit dans Voltaire. Quand ON est mère, on est indulgente. QUICONQUE a bu boira. QUELQU'UN a dit que l'âme du monde est le soleil. Ils ont donné leur avis CHACUN selon ses vues. Les deux charrettes perdirent CHACUNE leur essieu. Le bien d'AUTRUI blesse les envieux. Ces deux hommes s'estiment L'UN L'AUTRE. TEL qui rit aujourd'hui demain pleurera.

1. *On*, pron. indéfini, masc. sing. tenant la place d'un subst. m. sous-ent. sujet de *relit*.
2. *On*, pron. indéf. fém. sing. tenant la place du subst. *femme* sous-ent., sujet de *est*.
3. *Quiconque*, pron. indéf. masc. sing. tenant la place d'un subst. masc. sous-ent. sujet de *a bu* et de *boira*.
4. *Quelqu'un*, pron. indéf. masc. sing. tenant la place d'un subst. m. sous-entend., sujet de *a dit*.
5. *Chacun*, pron. indéf. masc. sing. tenant la place d'un subst. masc. sous-ent. sujet de *a donné le sien*, sous-ent. au sing.
6. *Chacune*, pron. indéf. fém. sing. tenant la place du subst. *charrette* sous-ent. sujet de *perdit la sienne*, sous-ent. au sing.
7. *Autrui*, pron. indéf. masc. sing. tenant la place d'un subst. masc. sous-ent. complément de la préposition *de*.
8. *L'un l'autre*, pron. indéf. masc. sing.; le premier est en sujet du verbe *estime*, sous-entendu au sing., le second est en

rég. simpl. du même verbe (*l'un* estime *l'autre*).

9. *Tel*, pron. indéf. masc. sing. tenant la place d'un subst. masc. sous-ent. sujet de *pleurera*.

ACCEPTION DU VERBE.

ACCORD DU VERBE AVEC UN SEUL SUJET.

VERBES SUBSTANTIFS.

MODE INDICATIF. — Je SUIS malheureuse, disait Marie-Antoinette.

1. *Suis*, verbe substantif au mode indic. au prés. au sing. à la 1re pers. accordé avec son sujet *je* en nomb. et en pers.

VERBES ACTIFS.

SUITE DU MODE INDICATIF. — Je sais que tu AIMAIS la poésie. Il FINIT son ouvrage quand vous le voulûtes. Nous AVONS SU que vous étiez à Versailles. Quand vous EUTES VENDU votre bien, vous quittâtes le pays. On a dit que ces élèves AVAIENT AIMÉ l'étude. Les enfants SUPPORTERONT les changements que vous voulez faire. Nous AURONS TERMINÉ l'affaire avant que vous arriviez.

1. *Aimais*, verbe actif, de la 1re conjug. au mode indic. à l'imparf. au sing. à la 2e pers. accordé avec son sujet *tu* en nomb. et en personne.
2. *Finit*, verbe actif, de la 2e conjug. au mode indic. au prétérit défini, au sing. à la 3e pers. accordé avec son sujet *il* en nomb. et en pers.
3. *Avons su*, verbe actif, de la 3e conjug. au mode indic. au prét. indéfini, au plur. à la 1re pers. accordé avec son sujet *nous*, en nomb. et en pers.

4. *Eûtes vendu*, verbe actif, de la 4ᵉ conjug. au mode indic. au prét. antérieur, au plur. à la 2ᵉ pers. accordé avec son sujet *vous* en nomb. et en pers.
5. *Avaient aimé*, verbe actif, de la 1ʳᵉ conjug. au mode indic. au plusqueparf. au plur. à la 3ᵉ pers. accordé avec son sujet *élèves* en nomb. et en pers.
6. *Supporteront*, verbe actif, de la 1ʳᵉ conjug. au mode indic. au futur simple, au plur. à la 3ᵉ pers. accordé avec son sujet *enfants* en nomb. et en pers.
7. *Aurons terminé*, verbe actif, de la 1ʳᵉ conj. au mode indic. au futur composé, au plur. à la 1ʳᵉ pers. accordé avec son sujet *nous* en nomb. et en pers.

VERBES PASSIFS.

MODE CONDITIONNEL. — Je SERAIS RECHERCHÉ par les hommes si j'étais riche. Tu AURAIS ÉTÉ APPLAUDI si tu avais joint les gestes au débit. Ce prince EUT ÉTÉ CRAINT s'il avait régné.

1. *Serais recherché*, verbe passif, de la 1ʳᵉ conjug. au mode condit. au prés. au sing. à la 1ʳᵉ pers. accordé avec son sujet *je* en nomb. et en pers.
2. *Aurais été applaudi*, verbe passif, de la 2ᵉ conjug. au mode condit. au passé, au sing. à la 2ᵉ pers. accordé avec son sujet *tu* en nomb. et en pers.
3. *Eût été craint*, verbe passif, de la 4ᵉ conjug. au mode condit. au passé, au sing. à la 3ᵉ pers. accordé avec son sujet *prince* en nomb. et en pers.

VRRBES NEUTRES.

MODE IMPÉRATIF.--VA vite à la maison, jeune homme. SORTEZ d'ici, enfants indociles.

1. *Va*, verbe neutre, de la 1re conjug. au mode impér. au sing. à la 2e pers. accordé avec son sujet *tu* sous-ent. en nomb. et en personne.
2. *Sortez*, verbe neutre, de la 2e conjug. au mode impér. au plur. à la 2e pers. accordé avec son sujet *vous* sous-ent. en nomb. et en personne.

VERBES PRONOMINAUX.

MODE SUBJONCTIF. -- Dieu me pardonnera, pourvu que je me REPENTE. Craignait-il que TU NE TE MÉFIASSES de lui? Il importait que nous uous FUSSIONS APERÇUS de son erreur.

Il n'y avait personne qui ne SE TÎNT HONORÉ d'un pareil compliment. Les plus grandes fatigues n'ont rien dont il SE PLAIGNE Quel est l'insensé qui SE PLAISE à s'entendre décrier? Il n'y a point dans le cœur de l'homme de bons mouvements qui ne SE PRODUISENT par la grâce. C'était la moindre réserve qu'il se DUT à lui-même. Ce n'était pas là le seul mal qu'il SE FUT DONNÉ.

1. *Je me repente*, verbe pronominal essentiel, actif par la signification, de la 2e conjug. au mode subj. au présent, au sing. à la 1re pers. accordé avec *je* son sujet en nomb. et en pers.

   Tu te méfiasses, verbe pronom. essentiel, actif par la signif. de la 1re conjug. au mode subj. à l'imparf. au sing. à la 2e pers. accordé avec son sujet *tu* en nomb. et en personne.
3. *Nous nous fussions aperçus*, verbe pron. essentiel par le sens, actif par la signif.

de la 3e conjug. au mode subj. au plusque-parf. au plur. à la 1re pers. accordé avec son sujet *nous* en nomb. et en pers.

4. *Se tînt honoré*, verbe pronom. accid. actif par la signif. de la 2e conjug. au mode subj. à l'imp. au sing. à la 3e pers. accordé avec son sujet *qui* (pour *personne*) en nomb. et en pers.

5. *Se plaigne*, verbe pronom. accid. actif par la signif. de la 4e conjug. au mode subj. au prés. au sing. à la 3e pers. accordé avec son sujet *il* en nomb. et en pers.

6. *Se plaise*, verbe pronom. accid. neutre par la signif. de la 4e conjug. au mode subj. au présent, au sing. à la 3e pers. accordé avec son sujet *qui* (pour *insensé*) en nomb. et en pers.

7. *Se produisent*, verbe pronom. accid. passif par la signif. de la 4e conjug. au mode subj. au prés. au plur. à la 3e pers. accordé avec son sujet *qui* (pour *mouvements*) en nomb. et en pers.

8. *Se dût*, verbe pronom. accid. actif par la signif. de la 3e conj. au mode subj. à l'imparf. au sing. à la 3e pers. accordé avec son sujet *il* en nomb. et en pers.

9. *Se fût donné*, verbe pronom. accid. actif par la signif. de la 1e conjug. au mode subj. au plusqueparf. au sing. à la 3e pers. accordé avec son sujet *il* en nomb. et en pers.

CORRESPONDANCE ENTRE LES TEMPS.

2e VERBE AU SUBJONCTIF. — Il faudra qu'ils SE RENDENT à la force de la vérité. Je douterai toujours qu'il SE SOIT CONVERTI. Je ne pense pas que cette affaire SE FUT TER-

MINÉE sans votre secours. Avez-vous douté que la probité ne SE CONSIDÈRE comme une vertu?

1. *Se rendent*, verbe pronom. accid. actif par la signif. de la 4e conjug. au mode subj. au prés. au plur. à la 3e pers. accordé avec son sujet *ils* en nomb. et en pers.
2. *Se soit converti*, verbe pronom. accid. actif par la signif. de la 2e conj. au mode subj. au prét. au sing. à la 3e pers. accordé avec *il* son sujet en nomb. et en pers.
3. *Se fût terminée*, verbe pronom. accid. passif par la signif. de la 1re conj. au mode subj. au plusqueparf. au sing. à la 3e pers. accordé avec son sujet *affaire* en n. et en p.
4. *Se considère*, verbe pronom. accid. passif par la signif. de la 1re conjug. au mode subj. au prés. au sing. à la 3e pers. accordé avec son sujet *probité* en nomb. et en pers.

VERBES UNIPERSONNELS.

SUITE DU MODE SUBJONCTIF. — Doutez-vous qu'IL NE FAILLE aimer tout le monde? Je craignais qu'il ne se FUT GLISSÉ une faute dans ce calcul.

1. *Il faille*, verbe unipers. de la 3e conjug. au mode subj. au prés. au sing. à la 3e pers. accordé avec son sujet *il* en nomb. et en personne.
2. *Se fût glissé*, verbe pronom. unipers. de la 1re conjug. au mode subj. au plusqueparf. au sing. à la 3e pers. accordé avec son sujet *il* en nomb. et en pers.

MODE INFINITIF. — RIRE est son unique occupation. Tous les peuples sont frères et doivent S'AIMER comme tels. Que cet enfant aime à JOUER! Je crois AVOIR LU. Nous avons vu ces hommes VIVANT bien ensemble. L'ennemi est DEVANT PRENDRE la ville.

1. *Rire*, verbe neutre, de la 4e conjug. au mode infinit. au prés. sujet du verbe *est*.
2. *S'aimer*, verbe pronom. accid. actif par la signif. de la 1re conjug. au mode inf. au prés. complément du verbe *doivent*.
3. *Jouer*, verbe neutre de la 1re conjug. au mode inf. au prés. compl. de la préposition *à*.
4. *Avoir lu*, verbe actif, de la 4e conjug. au mode inf. au prét., compl. du verbe *crois*.
5. *Vivant*, verbe neutre, de la 4e conjug. au mode inf. au participe prés. compl. du verbe *avoir vu*.
6. *Devant prendre*, verbe actif, de la 4e conjugaison, au mode inf. au futur, compl. du verbe *est*.

SUITE DE L'ACCORD DU VERBE AVEC UN SEUL SUJET.

VERBES APRÈS UN NOM COLLECTIF.

L'ARMÉE des infidèles FUT TAILLÉE en pièces. La PLUPART des jeunes gens se PERDENT. La PLUPART du monde COURT après la fortune. La PLURALITÉ des maîtres n'EST pas bonne. Le sénat fut partagé, la PLUPART PENSAIENT que....

1. *Fut taillée*, verbe passif, de la 1re conjug. au mode indic. au prét. défini, au sing. à la 3e pers. accordé avec son sujet *armée* en nomb. et en pers.
2. *Se perdent*, verbe pronom. accid. actif par la signif. de la 4e conjug. au mode indic. au prés. au plur. à la 3e pers. accordé avec son sujet *jeunes gens* en nombre et en personne.
3. *Court*, verbe neut. de la 2e conjug. au

mode indic. au prés. au sing. à la 3e pers. accordé avec son sujet *la plupart* en nomb. et en pers.

4. *Est*, verbe subst. au mode indic. au prés. au sing. à la 3e pers. accordé avec son sujet *pluralité*, en nomb. et en pers.

5. *Pensaient*, verbe act. de la 1re conjug. au mode indic. à l'imparf. au plur. à la 3e personne accordé avec *sénateurs* sous-ent. en nomb. et en pers.

VERBES APRÈS *un de*, *un des*.

Trajan est un des plus grands princes qui AIENT RÉGNÉ. Eugène est un de mes enfans qui A ÉTÉ NOYÉ.

1. *Aient régné*, verbe neutre de la 1re conj. au mode subj. au prét. au plur. à la 3e pers. accordé en nomb. et en pers. avec son sujet *qui* (pour *princes*).

2. *A été noyé*, verbe passif, de la 1re conjug. au mode indic. au prét. indéf. au sing. à la 3e pers. accordé en nomb. et en pers. avec son sujet *qui* (pour *Eugène*).

VERBE *être* ACCOMPAGNÉ DE *ce*.

C'ÉTAIT nous qui étions malheureux. CE SONT eux qui ordonnent la cérémonie. EST-CE elles qui arrivent? ÉTAIENT-CE les Romains qui remportèrent la victoire? AURAIENT-CE été eux qui?....

1. *Était*, verbe subst. au mode indic. à l'imp. au sing. à la 3e pers. accordé avec son sujet *ce* en nomb. et en pers.

2. *Sont*, verbe subst. au mode indic. au prés. au plur. à la 3e pers. accordé avec son sujet *eux* en nomb. et en pers.

3. *Est*, verbe subst. au mode indic. au prés.

au sing. à la 3e pers. accordé avec son sujet *ce* en nomb. et en pers.

4. *Étaient*, verbe subst. au mode indic. à l'imparf. au plur. à la 3e pers. accordé avec son sujet *Romains* en nomb. et en pers.
5. *Auraient été*, verbe subst. au mode conditionnel, au passé, au plur. à la 3e pers. accordé avec son sujet *eux* en nomb. et en pers.

2. ACCORD DU VERBE AVEC PLUSIEURS SUJETS.

Le Rhône et la Loire SONT les rivières les plus considérables de la France. L'ambassadeur et moi PARTIRONS pour l'Espagne. Vous et lui SAVEZ l'histoire. Vous et moi OBÉISSONS aux lois. C'est le soleil ou la terre qui TOURNE. Ni la cour ni la prospérité n'ONT PU le corrompre. Ni Grimm ni personne ne m'A jamais PARLÉ de cet air. Votre honneur, votre intérêt, Dieu vous COMMANDE ce sacrifice.

1. *Sont*, verbe subst. au mode indic. au prés. au plur. à la 3e pers. accordé avec ses deux sujets *Rhône* et *Loire* en nomb. et en pers.
2. *Partirons*, verbe neut. de la 2e conjug. au mode indic. au futur simpl. au plur. parce qu'il a pour sujet *Ambassadeur* et *moi*, à la 1re pers. à cause du mot *moi*, qui a la priorité.
3. *Savez*, verbe actif, de la 3e conjug. au mode indic. au prés. au plur. parce qu'il a pour sujets *vous* et *lui*, à la 2e pers. à cause du mot *vous*, qui a la priorité.
5. *Obéissons*, verbe neut. de la 2e conjug. au mode indic. au prés. au plur. parce qu'il a pour sujets *vous* et *moi*, à la 1re pers. à cause du mot *moi*, qui a la priorité.

5. *Tourne*, verbe neutre, dans cet exemple, de la 1re conjug. au mode indic. au prés. au sing. à la 3e pers. accordé avec un seul de ces mots *le soleil ou la terre*, en nomb. et en pers.
6. *Ont pu*, verbe actif, de la 3e conjug. au mode indic. au prét. indéf. au plur. à la 3e pers. accordé avec ses deux sujets *cœur et prospérité*, en nomb. et en pers.
7. *A parlé*, verbe neut. de la 1re conjug. au mode indic. au prét. indéf. au sing. à la 3e pers. accordé avec un seul de ces mots *Grimm ou personne*.
8. *Commande*, verbe actif, de la 1re conjug. au mode indic. au prés. au sing. à la 3e pers. accordé avec *Dieu*, qui fixe l'attention.

ACCEPTIONS DU PARTICIPE.

PARTICIPES PRÉSENTS ET ADJECTIFS VERBAUX.

Voyez-vous ces débris FLOTTANT vers la côte? Les esprits RAMPANTS ne s'élèvent jamais au sublime. Ces personnes sont PRÉVENANTES.

1. *Flottant*, part. venant de *flotter*, verbe neutre. de la 1re conjug. au mode infin. au prés. exprime une action, est invariable.
2. *Rampants*, adject. verb. masc. plur. qualifie *esprits* et s'accorde avec ce mot en genre et en nomb.
3. *Prévenantes*, adj. verb. fém. plur. qualifie *personnes* et s'accorde avec ce mot en genre et en nomb.

PARTICIPES PASSÉS DES VERBES ACTIFS.

La reine Didon a FONDÉ Carthage. Voilà les maux que

vous avez CAUSÉS. Les avocats que j'ai ENTENDUS plaider. Les affaires que j'ai VU régler.

1. *Fondé*, part. passé du verbe actif *fonder*, non précédé d'un rég. simple, invariable.
2. *Causés*, part. passé du verbe actif *causer*, précédé du rég. simp. *que* (pour *maux*) avec lequel il s'accorde en genre et en nombre.
3. *Entendus*, part. passé du verbe actif *entendre*, précédé du rég. simple *que* (pour *avocats*) avec lequel il s'accorde en genre et en nomb. parce qu'en tournant la phrase ce régime se place immédiatement après lui (*vous avez entendu lesquels avocats plaider*).
4. *Vu*, part. passé du verbe act. *voir*, invariable parce que le rég. simple qui le précède se place après l'infin. en tournant la phrase (*j'ai vu régler lesquelles affaires*).

PARTICIPES PASSÉS DES VERBES PASSIFS.

La vertu est RESPECTÉE des méchants mêmes. Les Romains ont été VAINCUS par Annibal.

1. *Respectée*, part. passé du verbe passif *être respecté*, fém. sing. accordé avec *vertu*, sujet de la phrase.
2. *Vaincus*, part. passé du verbe passif *être vaincu*, masc. plur. accordé avec *Romains*, sujet de la phrase.

PARTICIPES PASSÉS DES VERBES NEUTRES.

Tous les maux sont VENUS de la triste Pandore. As-tu vu quelle joie a PARU dans ses yeux?

1. *Venus*, part. passé du verbe neutre *venir*,

masc. plur. conjugué avec *être*, s'accorde avec le sujet *maux*.

2. *Paru*, part. passé du verbe neutre *paraître*, conjugué avec *avoir*, invariable.

PARTICIPES PASSÉS DES VERBES PRONOMINAUX.

Les pécheurs se sont REPENTIS. Ces hommes se sont APERÇUS de leurs égarements. Ces hommes-là se sont DIT mille injures. Caton et Lucrèce se sont TUÉS. Une femme s'est LAISSÉE mourir de douleur. Les Macédoniens s'étaient LAISSÉ conduire en Asie par Alexandre-le-Grand. La nouvelle de l'arrivée d'un prince s'est RÉPANDUE. Ils se sont PLU à me le persuader.

1. *Repentis*, participe passé du verbe pronominal essentiel *se repentir*, masc. plur. accordé avec le pronom *se* (pour *pécheurs*) rég. simple qui le précède.
2. *Aperçus*, part. passé du verbe *s'apercevoir*, ici pron. essent. par le sens, masc. plur. accordé avec le pronom *se* (pour *hommes*) rég. simple qui le précède.
3. *Dit*, part. passé du verbe pron. accid. *se dire*, précédé seulement du rég. comp. *se* pour (*à eux-mêmes*), invariable.
4. *Tués*, part. passé du verbe pron. accid. *se tuer*, act. par la signif. masc. plur. précédé du pronom *se* (pour *Caton* et *Lucrèce*) rég. simple avec lequel il s'accorde.
5. *Laissée*, part. passé du verbe pron. accid. *se laisser*, act. par la signif. fém. sing. précédé du pronom *se* (pour *femme*) rég. simp. avec lequel il s'accorde, parce que ce rég. se place immédiatement après lui, en tournant la phrase (avait laissé *elle-même* mourir).

6. *Laissé*, part. passé du verbe pron. accid. *se laisser*, act. par la signif. invar. parce que le pronom *se* (pour *Macédoniens*) rég. simp. qui le précéde, se place après l'inf. en tournant la phrase (avaient laissé conduire *eux.*)
7. *Répandue*, part. passé du verbe pron. accid. *se répandre*, passif. par sa signif. (*a été répandue*, fém. sing. s'accorde avec le pron. *se* (pour *nouvelle*, rég. simp. qui le précède.)
8. *Plu*, part. passé du verbe pron. accid. *se plaire*, neutre par la signif. invariable.

PARTICIPES PASSÉS DES VERBES UNIPERSONNELS.

IL EST ARRIVÉ des soldats. La neige qu'il A FAIT.

1. *Arrivé*, participe passé d'un verbe unipersonnel, invariable.
2. *Fait*, part. passé d'un verbe unipersonnel, invariable.

VALU, COUTÉ. — La somme que m'ont VALU mes abeilles. L'estime que m'a VALUE la visite du duc. Les louis qu'avait COUTÉ ce cheval. Les soins que m'avait COUTÉS l'éducation de cet enfant.

1. *Valu*, part. passé du verbe *valoir*, neutre, parce qu'il est pris ici dans le sens propre, conjugué avec *avoir*, invariable.
2. *Value*, part. passé du verbe *valoir*, pris ici dans le sens actif, précédé du rég. simp. *que* (pour *estime*) avec lequel il s'accorde.
3. *Coûté*, part. passé du verbe *coûter*, neutre, parce qu'il est pris ici dans le sens propre, conjugué avec *avoir*, invariable.

4. *Coûtés*, part. passé du verbe *coûter* pris ici dans le sens actif, précédé du régime simp. *que* (pour *soins*) avec lequel il s'accorde.

LE PEU. — Le peu de succès que vous avez OBTENU a fait voir le peu d'application que vous avez APPORTÉ à l'étude. Le peu de pays que j'ai PARCOURUS ont été ruinés par la guerre.

1. *Obtenu*. part. passé du verbe actif *obtenir*, précédé du rég. simple *que* (pour *le peu*) avec lequel il s'accorde, parce que ce mot exprime ici *défaut, manque*.
2. *Apporté*, part. passé du verbe actif *apporter*, précédé du rég. simp. *que* (pour *le peu*) avec lequel il s'accorde, parce que ce mot exprime ici *défaut, manque*.
3. *Parcourus*, part. passé du verbe actif *parcourir*, précédé du rég. simp. *que* (pour *pays*) avec lequel il s'accorde.

LE. — Cette histoire est plus utile que vous ne l'avez CRU.

1. *Cru*, part. passé du verbe actif *croire*, invariable, parce que le rég. simp. *le* qui le précède tient la place de l'adj. *utile*.

EN. — La crainte de faire des ingrats ou le déplaisir D'EN AVOIR TROUVÉ.

1. *Trouvé*, part. passé du verbe actif *trouver*, non précédé d'un rég. simp. invar.

FAIT. — Une femme s'est présentée; je l'ai FAIT passer, j'ai fait touts les efforts que j'ai PU.

1. *Fait*, part. passé du verbe actif *faire*, invariable, parce que le rég. simp. qui le précède, *la* (pour *femme*) se place après

l'inf. en tournant la phrase (j'ai fait passer *elle*.)

2. *Pu*, part. passé du verbe actif *pouvoir*, invariable, parce que le rég. simp. qui le précède, *que* (pour *efforts*) se place en tournant la phrase après l'inf. *faire* sous-entendu (j'ai pu faire *lesquels efforts*.)

ACCEPTIONS

DE QUELQUES PRÉPOSITIONS.

Je viens DE la campagne. J'arrive AVANT midi. Travaillons A notre salut. Il agit SELON l'occasion. Cet enfant est vertueux SANS effort. Il est parti MALGRÉ ma défense. Cette statue est DE bronze.

1. *De*, préposition qui exprime un rapport de lieu, lie les mots *je viens* son antécédent avec le mot *campagne* son complément.
2. *Avant*, prép. qui exprime un rapport de temps, lie le mot *arrive* son ant. avec le mot *midi* son compl.
3. *A*, prép. qui exprime un rapport de but, lie le mot *travaillons* son ant. avec le mot *salut* son compl.
4. *Selon*, prép. qui exprime un rapport d'union, lie le mot *agit* son ant. avec le mot *occasion* son compl.
5. *Sans*, prép. qui exprime un rapport d'exception, lie le mot *est* son ant. avec le mot *effort* son compl.
6. *Malgré*, prép. qui exprime un rapport d'opposition, lie les mots *est parti* son ant. avec le mot *défense* son compl.
7. *De*, prép. qui marque un rapport de

qualification, lie le mot *est* son ant. avec le mot *bronze* son compl.

ACCEPTIONS DE L'ADVERBE.

AGISSEZ PRUDEMMENT. Alexandre était VRAIMENT guerrier. Cet enfant s'exprime plus FACILEMENT que vous. La tortue marche TRÈS LENTEMENT. Cette femme est TOUT A FAIT ridicule. J'irai DEMAIN vous voir. Conduisez-moi OU vous voudrez. Il faut PREMIÈREMENT faire son devoir. Cet homme parle BEAUCOUP. Cette personne est VRAIMENT instruite. Monsieur est MIEUX aujourd'hui.

1. *Prudemment*, adv. simple de manière, au positif, modifie le verbe *agissez.*
2. *Vraiment*, adv. simpl. d'affirmation, au positif, modifie le subst. *guerrier.*
3. *Plus facilement* adv. simpl. de manière, au comparatif, modifie le verbe *s'exprime.*
4. *Très lentement*, adv. simp. de manière, au superlatif, modifie le verbe *marche.*
5. *Tout à fait*, adv. comp. d'affirm. modif. l'adjectif *ridicule.*
6. *Demain*, adv. simpl. de temps, modifie le verbe *j'irai.*
7. *Où*, adv. simp. de lieu, modifie le verbe *conduisez.*
8. *Premièrement*, adv. simp. d'ordre, modif. le verbe *faire.*
9. *Beaucoup*, adv. simpl. de quantité, modifie le verbe *parle.*
10. *Vraiment*, adv. simp. d'affirm. modifie l'adjectif *instruite.*
11. *Mieux*, adv. simpl. de comparaison, modifie le verbe *est.*

ACCEPTIONS DE LA CONJONCTION.

Vous riez ET je pleure. Vous n'avez le droit de mépriser personne, QUOIQUE vous soyez riche. C'est le soleil ou la terre qui tourne. Il aimait la lecture COMME vous l'aimez. J'irai à Paris DÈS QUE mes affaires me le permettront. Vous serez savants SI vous lisez. Sortez, PUISQUE vous ne voulez pas obéir. Cet enfant travaille, AUSSI fait-il des progrès. Je crois QUE Jésus-Christ est Dieu.

1. *Et*, conjonction simple copulative, lie la 1re proposition *vous riez*, à la 2e *je pleure*.
2. *Quoique*, conj. simpl. adversative, lie la 1re prop. *vous n'avez le droit de mépriser personne*, à la 2e *vous soyez riche*.
3. *Ou*, conj. simpl. disjonctive quant au sens, lie quant aux mots *soleil* et *terre*.
4. *Comme*, conj. simp. explicative, lie la 1re prop. *il aimait la lecture*, à la 2e *vous l'aimez*.
5. *Dès que*, conj. composée circonstancielle, lie la 1re prop. *j'irai à Paris*, à la 2e *mes affaires le permettront*.
6. *Si*, conj. simp. conditionn. lie la 1re prop. *vous serez savants*, à la 2e *vous lisez*.
7. *Puisque*, conjonc. simp. causative, lie la 1re prop. *sortez*, à la 2e *vous ne voulez pas obéir*.
8. *Aussi*, conj. simpl. transitive, lie la 1re prop. *cet enfant travaille*, à la 2e *fait-il des progrès*.
9. *Que*, conj. simp. déterminative, lie la 1re prop. *je crois*, à la 2e *Jésus-Christ est Dieu*.

INTERJECTION.

Je pleure, HÉLAS ! une mère adorée.

1. *Hélas*, interjection qui exprime la douleur.

GUIDE ANALYTIQUE,

OU

MODÈLES D'ANALYSES RAISONNÉES,

N. 2.

Ce cours d'analyses raisonnées contient tous les principes de la grammaire française; c'est une théorie grammaticale jointe à la pratique. Quand un élève saura, suivant cette méthode, analyser bien toutes les parties du discours, l'on pourra conclure sans présomption qu'il possède la grammaire par principes et non par routine.

AVERTISSEMENT.

A MES ÉLÈVES.

L'ACCUEIL favorable dont le public a honoré mes deux grammaires et mes autres productions m'encourage à faire imprimer encore ces Modèles d'Analyses raisonnées, complément de mon cours de langue française. Les personnes qui, connaissant l'importance de la méthode analytique, ont de l'estime pour ces sortes d'ouvrages, trouveront peut-être dans celui-ci quelque chose qui pourra les satisfaire. Vous du moins, jeunes élèves, vous y connaîtrez la route à suivre et les mauvais pas à éviter dans l'étude de la langue française. Éclairés par la méthode raisonnée qui fait l'âme de ce petit livre, vous ferez par science ce que d'autres ne font que par coutume et par routine. Quand donc une difficulté concernant l'analyse vous arrêtera, consultez ce petit ouvrage, et puisse l'avantage que vous en retirerez ajouter à l'ardeur que vous avez montrée jusqu'ici pour la belle langue des Bossuet, des Racine, des Fénelon, justement admirée partout! Les nations étrangères l'étudient avec grand soin, ambitionnent l'honneur de la posséder. Imitons-les du moins, nous aussi Français, et dans le partage du temps que nous employons à l'étude de diverses langues, ayons le courage d'en consacrer la plus grande partie à l'étude de la nôtre, autrement craignons qu'après avoir acquis la connaissance des langues que nous ne parlerons jamais, nous ne possédions qu'à demi celle de la langue que nous parlerons toujours. La triste expérience que trop souvent on en a faite doit nous tenir les yeux ouverts sur ce point.

Ici je dois dire à l'honneur du collége et de toutes les écoles de la ville où je professe, que nul endroit ailleurs plus de zèle ne se montre, et de la part des maîtres pour l'enseignement de la langue française, et de la part des élèves pour en acquérir les connaissances pratiques et théoriques. Chargé moi-même d'enseigner cette langue par un vénérable prélat dont les vertus, les lumières et les bontés commandent l'estime, l'amour et le respect, j'ai cru ne pouvoir mieux répondre au choix dont il m'a honoré qu'en consacrant mon temps et ma peine à tâcher de rendre moins difficile la pénible étude du français.

Conséquemment je me suis appliqué à la composition de deux grammaires françaises, dont l'une à l'usage des colléges, et l'autre à l'usage des écoles primaires; en outre, j'ai fait paraître une *Cacographie* et une *Cacologie* avec *Corrigés,* un *Guide Analytique* ou *Modèles d'Analyses simples,* un *Essai* sur les figures de grammaire.

Vingt années d'étude, de courage et de persévérance ont été consacrées à l'acquisition des connaissances qu'a nécessitées la composition de ces ouvrages élémentaires. Du reste, consultations nombreuses, soins exacts, attention soutenue, voire même scrupuleuse, tout a été mis en œuvre pour mériter à ces productions l'estime du public. Sachant néanmoins combien il est difficile d'arriver à la perfection, je ne prétendrai jamais que mes ouvrages soient sans défauts. Pour l'intérêt de la jeunesse, je prie donc les personnes éclairées, consciencieuses et sans préventions, de vouloir bien les examiner attentivement; et si elles ont la bonté de me faire part de leurs observations, une reconnaissance sans borne s'attachera sans doute à leur aimable obligeance.

Quant à ce *Guide d'analyses raisonnées*, j'avoue que le plan en est tout-à-fait nouveau, mais d'avance je suis presque assuré qu'à la nouveauté même qu'on y remarque s'attachera l'estime des vrais connaisseurs. Je dis *des vrais connaisseurs*, car je n'ai ni la prétention ni le désir de satisfaire toutes les croyances analytiques. Je sais que de vouloir *contenter tout le monde et son père*, ce serait se préparer une besogne qu'on n'achèverait jamais.

Pour vous, mes Élèves, tendres objets de ma sollicitude, souvenez-vous qu'en composant mes ouvrages, le mobile de ma conduite était le désir de vous devenir utile, de vous épargner les larmes et les punitions. Puissé-je avoir atteint ce but! Alors mes souhaits sont accomplis, et il ne me reste plus qu'à prier Jésus-Christ de vouloir bien bénir vos efforts et le fruit de mes veilles.

GUIDE ANALYTIQUE,

OU

MODÈLES

D'ANALYSES RAISONNÉES.

ACCEPTIONS [1] DU NOM OU SUBSTNNTIF.

SUBSTANTIFS EN SUJET.

SUBSTANTIFS COMMUNS. — Un HOMME a été blessé. Deux BICHES avaient été prises.

1. *Homme*, substantif parce qu'il désigne une personne, commun parce qu'il convient à tous les hommes, masculin parce qu'il désigne un être mâle, singulier parce qu'on ne parle que d'un seul, sujet de *a été blessé* parce que ce verbe affirme de ce mot une qualité (blessé).
2. *Biches*, subst. p. c. qu'il désig. des animaux, com. p. c. qu'il conv. à toutes les biches, f. p. c. qu'il désig. des êtres femelles, pl. p. c. qu'on parle de plusieurs, suj. de *avaient été prises* p. c. q. ce verbe aff. de ce mot une qual. (prises).

SUBSTANTIFS COLLECTIFS. — Le PEUPLE est inconstant. Une FOULE de monde arrive.

1 *Peuple*, subst. p. c. qu'il désig. des personnes, com. p. c. qu'il conv. à tous les peuples, collectif général p. c. q. quoiqu'au singulier il donne l'idée de plusieurs personnes de la même espèce comme faisant un tout, m. p. c. q. l'usage l'a voulu, s. p. c. qu'on ne parle que d'un

[1] Par ce terme j'entends ici les différents emplois des *Parties du Discours*, les différentes manières de les considérer.

seul peuple, suj. de *est* p. c. q. ce verbe aff. de ce mot une qual. (inconstant).

2. *Foule*, subst. p. c. qu'il désig. des personnes, com. p. c. qu'il conv. à toutes sortes de foule, collectif partitif p. c. q. quoiqu'au singulier il donne l'idée de plusieurs personnes comme faisant partie d'un tout, f. p. c. q. l'usage l'a voulu, s. p. c. qu'on ne parle que d'une seule foule, suj. de *arrive* p. c. q. ce verbe aff. de ce mot une action (arrivant).[1]

SUBSTANTIFS COMPOSÉS. — Ces CHEFS-D'ŒUVRE ont été faits par Bossuet. Les CHIENS-LOUPS sont nuisibles. Les PETITS-MAÎTRES sont difficiles à contenter. Deux ESSUIE-MAINS et deux PRIE-DIEU ont été volés. Douze AVANT-COUREURS arrivent.

1. *Chefs-d'œuvre*, subst. p. c. qu'il désig. des choses, com. p. c. qu'il conv. à tous les chefs-d'œuvre, m. p. c. q. l'usage l'a voulu, pl. p. c. qu'on parle de plusieurs, composé de deux noms dont le 1er seul prend la marque du pluriel p. c. qu'ils sont unis par la préposition *de*, suj. de *ont été faits* p. c. q. ce verbe aff. de ce mot une qual. (faits).
2. *Chiens-loups*, subst. p. c. qu'il désig. des animaux, com. p. c. qu'il conv. à touts les chiens-loups, m. p. c. qu'il désig. des êtres mâles, pl. p. c. qu'on parle de plusieurs, composé de deux subst. qui prennent l'un et l'autre la marque du pl. p. c. qu'ils ne sont pas unis par une préposition, suj. de *sont*, p. c. q. ce verbe aff. de ce mot une qual. (nuisibles).
3. *Petits-maîtres*, subst. p. c. qu'il désigne des personnes, com. p. c. qu'il convient à tous les petits-maîtres, m. p. c. qu'il désigne des êtres mâles, pl. p. c. qu'on parle de plusieurs, composé de deux mots qui prennent l'un et l'autre la marque du pl. le 1er p. c. q. c'est un adjectif, le 2e p. c. q. c'est un subst., sujet de *sont* p. c. q. ce verbe aff. de ce mot une qual. (difficiles).

---

1 Le verbe attributif *arrive* équivaut à *est arrivant*; *arrivant* est l'attribut ou l'action énoncée par *est*, verbe substantif.

4. *Essuie-mains*, subst. p. c. qu'il désigne des choses, com. p. c. qu'il conv. à tous les essuie-mains, m. p. c. q. l'usage l'a voulu, pl. p. c. qu'on parle de plusieurs, composé de deux mots dont le 1er est invariable p. c. q. c'est un verbe, le 2e prend *s* p. c. q. c'est un subst. 1er sujet de *ont été volés* p. c. q. ce verbe aff. de ce mot une qual. (volés).
5. *Prie-Dieu*, subst. p. c. qu'il désig. des choses, com. p. c. qu'il conv. à tous les prie-Dieu, m. p. c. q. l'usage l'a voulu, pl. p. c. qu'on parle de plusieurs, composé de deux mots qui sont ici tous les deux invariables, le 1er p. c. q. c'est un verbe, et le 2e p. c. q. le sens ne permet pas de mettre un *x* dans ce subst., 2e suj. de *ont été volés*, p. c. q. ce verbe aff. de ce mot une qual. (volés).
6. *Avant-coureurs*, subst. p. c. qu'il désig. des personnes, com. p. c. qu'il conv. à tous les avant-coureurs, m. p. c. qu'il désig. des êtres mâles, pl. p. c. qu'on parle de plusieurs, composé de deux mots, dont le 1er est invariable p. c. q. c'est une préposition; le 2e prend *s* p. c. q. c'est un subst., sujet de *arrivent* p. c. q. ce verbe aff. de ce mot une action (arrivant).

SUBSTANTIFS PROPRES. — Les deux RACINE ont écrit en vers. Les BOSSUETS SONT rares.

1. *Racine*, subst. p. c. qu'il désig. des personnes, propre p. c. qu'il ne conv. qu'à des personnes déterminées, m. p. c. qu'il désig. des hommes, pl. p. c. qu'on parle de plusieurs, invariable p. c. qu'il sert à distinguer des personnes par leur nom de famille, sujet de *ont écrit* p. c. q. ce verbe aff. de ce mot une action (écrivant).
2. *Bossuets*, subst. p. c. qu'il désig. des pers. propre employé comme commun p. c. qu'il sert à désigner des pers. qui par leurs talents ressemblent à Bossuet, m. p. c. qu'il désigne des hommes, pl. p. c. qu'on parle de plusieurs, prend *s* p. c. qu'il est pris par comparaison, sujet de *sont* p. c. q. ce verbe aff. de ce mot une qual. (rares).

SUBSTANTIFS EN RÉGIME.

Annibal offre la PAIX à SCIPION.

1. *Paix*, subst. p. c. qu'il désig. une chose com. p. c. qu'il conv. à toutes les paix, f. p. c. q. l'usage l'a voulu, s. p. c. qu'on ne parle que d'une seule paix, en régime simple de *offre* p. c. qu'il s'unit à ce verbe sans le secours d'un terme intermédiaire.
2. *Scipion*, subst. p. c. qu'il désig. une pers., propre p. c. qu'il sert à désigner une pers. par son nom de famille, m. p. c. qu'il désig. un homme, s. p. c. qu'on ne parle que d'un seul, en rég. composé de *offre* p. c. qu'il s'unit à ce verbe par le moyen de la préposition *à*.

SUBSTANTIF EN APOSTRÔPHE.

Mon Fils, aimez le Seigneur.

1. *Fils*, subst. p. c. qu'il désig. une pers., com. p. c. qu'il conv. à tous les fils, m. p. c. qu'il désigne un être mâle, s. p. c. qu'on ne parle que d'un seul, en apostrophe p. c. qu'on lui adresse la parole.

ACCEPTIONS DE L'ARTICLE.

Articles simples. — Le roi, la reine, les ministres et les princesses étaient à Marly.

1. *Le*, article, p. c. qu'il indique le subst. *roi*, simple p. c. qu'il ne renferme aucune préposition, m. s. p. c. qu'il ind. un subst. m. s., règle : l'art. prend le genre et le nomb. du subst. qu'il indique
2. *La*, art. p. c. qu'il indique le subst. *reine*, s. p. c. qu'il ne renferme aucune prép., f. s. p. c. qu'il ind. un subst. f. s., règle : l'art. prend le g. et le n. du subst. qu'il indique.
3. *Les*, art. p. c. qu'il ind. le subst. *ministres*, s. p. c. qu'il ne renferme aucune prép., m. pl. p. c. qu'il ind. un subst. m. pl., règle : l'art. prend le g. et le n. du subst. qu'il indique.
4. *Les*, art. p. c. qu'il ind. le subst. *princesses*, s. p. c. qu'il ne renferme aucune prép. f. pl. p. c. qu'il ind. un subst. f. pl., règle : l'art. prend le g. et le n. du subst. qu'il indique.

Articles composés. — Les vertus du chré-

tien. La vie DES martyrs. Le palais DES reines. Allez AU hameau. Assistez AUX offices. Obéissez AUX lois.

1. *Du* (pour *de le*), art. p. c. qu'il ind. le substantif *chrétien*, composé p. c. qu'il est formé de la préposition *de* et de l'art. simple *le*, m. s. p. c. qu'il ind. un subst. m. s., règle : l'art. prend le g. et le n. du subst. qu'il indique.
2. *Des* (pour *de les*), art. p. c. qu'il indique le substantif *martyrs*, c. p. c. qu'il est formé de la prép. *de* et de l'art. s. *les*, m. pl. p. c. qu'il ind. un subst. m. pl. règle : l'art. prend le g. et le n. du subst. qu'il ind.
3. *Des* (pour *de les*), art. p. c. qu'il ind. le subst. *reines*, c. p. c. qu'il est formé de la prép. *de* et de l'art. s. *les*, f. pl. p. c. qu'il ind. un subst. f. pl., règle : l'art. prend le g. et le n. du subst. qu'il ind.
4. *Au* (pour *à le*), art. p. c. qu'il ind. le subst. *hameau*, c. p. c. qu'il est formé de la prép. *à* et de l'art. s. *le*, m. s. p. c. qu'il ind. un subst. m. s., règle : l'art. prend le g. et le n. du subst. qu'il ind.
5. *Aux* (pour *à les*), art. p. c. qu'il ind. le subst. *offices*, c. p. c. qu'il est formé de la prép. *à* et de l'art. s. *les*, m. pl. p. c. qu'il ind. un subst. m. pl., règle : l'art. prend le g. et le n. du subst. qu'il ind.
6. *Aux* (pour *à les*), art. p. c. qu'il ind. le subst. *lois*, c. p. c. qu'il est formé de la prép. *à* et de l'art. s. *les*, f. pl. p. c. qu'il ind. un subst. f. pl., règle : l'art. prend le g. et le n. du subst. qu'il ind.

ACCEPTIONS DE L'ADJECTIF.

1. ACCORD DE L'ADJECTIF AVEC UN SEUL SUBSTANTIF.

ADJECTIFS AU POSITIF. — L'enfant est LÉGER. Les étoiles sont NOMBREUSES.

1. *Léger*, adjectif p. c. qu'il qualifie le subst. *enfant*, au positif p. c. qu'il n'exprime aucun rapport de comparaison, m. s. p. c. qu'il qualifie un subst. m. s., règle : l'adj. prend le g. et le n. du subst. qu'il qualifie.
2. *Nombreuses*, adj. p. c. qu'il qual. le subst. *étoiles*, au-

posit. p. c. qu'il n'exprime aucun rapport de compar. f. pl. p. c. qu'il qualifie un subst. f. pl., règle : l'adject. prend le g. et le n. du subst. qu'il qual.

ADJECTIFS AU COMPARATIF. — Le soleil est PLUS GRAND que la lune. L'Europe est MOINS GRANDE que l'Asie. Les Macédoniens étaient AUSSI VAILLANTS que les Romains.

1. *Plus grand*, adj. p. c. qu'il qual. le subst. *soleil*, au comparatif de supériorité, p. c. qu'il exprime une qual. à un degré plus élevé dans *soleil* que dans *lune*, m. s. p. c. qu'il qual. un subst. m. s., règle : l'adj. prend le g. et le n. du subst. qu'il qual.
2. *Moins grande*, adj. p. c. qu'il qual. le subst. *Europe*. au compar. d'infériorité p. c. qu'il exprime une qual. à un degré moins élevé dans *Europe* que dans *Asie*, f. s. p. c. qu'il qual. un subst. f. s., règle : l'adj. prend le g. et le n. du s. qu'il qual.
3. *Aussi vaillants*, adj. p. c. qu'il qualifie le subst. *Macédoniens*, au compar. d'égalité p. c. qu'il exprime une qual. à un même degré dans *Macédoniens* que dans *Romains*, m. pl. p. c. qu'il qual. un subst. m. pl., règle : l'adj. prend le g. et le n. du subst. qu'il qual.

ADJECTIFS AU SUPERLATIF. — Le soleil est TRÈS GRAND. Ces femmes sont EXTRÊMEMENT RICHES. Cicéron était LE PLUS ÉLOQUENT des orateurs Romains. La justice et la charité sont LES PLUS BELLES vertus. Voici mon PLUS GRAND embarras.

1. *Très grand*, adj. p. c. qu'il qual. le subst. *soleil*, au superl. absolu p. c. qu'il exprime la qualité portée au suprême degré sans aucun rapport à un autre objet, m. s. p. c. qu'il qual. un subst. m. s., règle: l'adj. prend le g. et le n. du subst. qu'il qual.
2. *Extrêmement riches*, adj. p. c. qu'il qual. le subst. *femmes*, au superl. absolu p. c. qu'il exprime la qual. portée au suprême degré sans aucun rapp. à un autre objet, f. pl. p. c. qu'il qual. un subst. f. pl., règle : l'adjectif prend le g. et le n. du subst. qu'il qual.

3. *Le plus éloquent*, adj. p. c. qu'il qual. le subst. *orateur* sous-ent. au s., au superl. rel. p. c. qu'il expr. une qualité portée au suprême degré avec rapport aux autres orateurs, m. s. p. c. qu'il qual. un subst. m. s., règle : l'adjectif prend le g. et le n. du subst. qu'il qual.
4. *Lès plus bèlles*, adj. p. c. qu'il qual. le subst. *vertus*, au superl. rel. p. c. qu'il exprime la qualité portée au suprême degré avec rapp. aux autres vertus, f. pl. p. c. qu'il qual. un subst. f. pl., règle : l'adj. prend le g. et le n. du subst. qu'il qual.
5. *Mon plus grand*, adj. p. c. qu'il qual. le subst. *embarras*, au superl. rel. p. c. qu'il exprime la qual. portée au suprême degré avec rapp. aux autres embarras, m. s. p. c. qu'il qual. un subst. m. s., règle : l'adj. prend le g. et le n. du subst. qu'il qualifie.

ADJECTIFS DÉMONSTRATIFS.

CE livre et CES gravures ont été vendus trop cher.

1. *Ce*, adj. démonst. p. c. qu'il sert à montrer l'objet dont on parle, m. s. p. c. qu'il a rapp. à un subst. m. s., fait la fonct. de l'art. p. c. qu'il indique *livre* dont il prend le g. et le n.
2. *Ces*, adj. démonst. p. c. qu'il sert à montrer les objets dont on parle, f. pl. p. c. qu'il a rapp. à un subst. f. pl., fait la fonct. de l'art. p. c. qu'il ind. *gravures* dont il prend le g. et le n.

ADJECTIFS POSSESSIFS.

MON JARDIN et MES brebis ont été achetés. TON serin et TES oies, SON rossignol et SES alouettes ont été volés. NOTRE lit et NOS chaises, VOTRE buffet et VOS bouteilles, LEUR pot et LEURS glaces, tout a été brisé.

1. *Mon*, adj. possessif p. c. qu'il marque la possession de l'objet dont on parle, m. s. p. c. qu'il a rapp. à un subst. m. s., fait la fonct. de l'art. p. c. qu'il ind. *jardin* dont il prend le g. et le n.
2. *Mes*, adj. poss. p. c. qu'il marque la possess. des ob-

jets dont on parle, f. pl. p. c. qu'il a rapp. à un subst. f. pl., fait la fonct. de l'art. p. c. qu'il ind. *brebis* dont il prend le genre et le nombre.

3. *Ton*, adj. poss. p. c. qu'il marque la possess. de l'objet dont on parle, m. s. p. c. qu'il a rapport à un subst. m. s., fait la fonct. de l'art. p. c. qu'il indique *serin* dont il prend le genre et le nombre.

4. *Tes*, adj. poss. p. c. qu'il marque la possess. des objets dont on parle, f. pl. p. c. qu'il a rapp. à un subst. f. pl., fait la fonct. de l'art. p. c. qu'il indique *oies* dont il prend le g. et le n.

5. *Son*, adj. poss. p. c. qu'il marque la possess. de l'objet dont on parle, m. s. p. c. qu'il a rapport à un subst. m. s., fait la fonct. de l'art. p. c. qu'il indique *rossignol* dont il prend le g. et le n.

6. *Ses*, adj. poss. p. c. qu'il marque la possess. des objets dont on parle, f. pl. p. c. qu'il a rapp. à un subst. f. pl., fait la fonction de l'art. p. c. qu'il ind. *alouettes* dont il prend le g. et le n.

7. *Notre*, adj. poss. p. c. qu'il marque la possess. de l'objet dont on parle, m. s. p. c. qu'il a rapport à un subst. m. s., fait la fonction de l'art. p. c. qu'il indique *lit*, dont il prend le g. et le n.

8. *Nos*, adj. poss. p. c. qu'il marque la possess. des objets dont on parle, f. pl. p. c. qu'il a rapp. à un subst. f. pl., fait la fonct. de l'art. p. c. qu'il indique *chaises* dont il prend le g. et le n.

9. *Votre*, adj. possess. p. c. qu'il marque la poss. de l'objet dont on parle, m. s. p. c. qu'il a rapp. à un subst. m. s., fait la fonct. de l'art. p. c. qu'il ind. *buffet* dont il prend le g. et le n.

10. *Vos*, adj. poss. p. c. qu'il marque la possess. des objets dont on parle, f. pl. p. c. qu'il a rapp. à un subst. f. pl., fait la fonct. de l'art. p. c. qu'il indique *bouteilles* dont il prend le g. et le n.

11. *Leur*, adj. poss. p. c. qu'il marque la poss. de l'objet dont on parle, m. s. p. c. qu'il a rapp. à un subst. m. s., fait la fonct. de l'art. p. c. qu'il indique *pot* dont il prend le g. et le n.

12. *Leurs*, adj. poss. p. c. qu'il indique *glaces* dont il prend le g. et le n.

ADJECTIFS NUMÉRAUX.

Quatre-VINGTS vaisseaux iront à Terre-Neuve. J'ai vu un homme âgé de quatre-VINGT-dix-neuf ans. Mathusalem vécut neuf CENTS ans. Deux CENT vingt soldats passeront par ici. Quarante MILLE Français ont fait le siége d'Alger. Nous sommes en MIL huit cent trente.

1. *Vingts*, adj. de nombre cardinal p. c. qu'il marque la quantité, prend *s* p. c. qu'il est multiplié et suivi d'un subst.
2. *Vingt*, adj. de n. card. p. c. qu'il marque la quant., invariable p. c. qu'il est suivi d'un autre adjectif de nombre.
3. *Cents*, adj. de n. card. p. c. qu'il marque la quant., prend *s* p. c. qu'il est multiplié et suivi d'un subst.
4. *Cent*, adj. de n. card. p. c. qu'il marq. la quantité, invariable p. c. qu'il est suivi d'un autre adj. de n.
5. *Mille*, adj. de n. card. p. c. qu'il marque la quantité ou le nombre, invariable pour cette raison.
6. *Mil*, adj. de n. card. p. c. qu'il marque la quantité ou le nombre, employé pour le nomb. ordinal p. c. qu'il sert aussi à marquer l'ordre, invariable p. c. qu'il marque une date d'année.

ADJECTIF COLLECTIF. — *Tout, toute.*

TOUTE mon âme s'était attachée à la cour. On m'interrompt à TOUTE minute. TOUTES les superstitions sont dangereuses. Les Français sont TOUT feu pour entreprendre. Ce chien a les oreilles TOUT écorchées. Vous me dites là une chose toute nouvelle.

1. *Toute*, adj. collectif p. c. qu'il signifie *tout entière*, f. s. p. c. qu'il qual. le subst. *âme*, règle : l'adj. prend le g. et le n. du subst. qu'il qual.
2. *Toute*, adj. coll. p. c. qu'il signifie *chaque*, f. s. p. c. qu'il qual. le subst. *minute*, règle : l'adj. prend le g. et le n. du subst. qu'il qual.

3. *Toutes*, adj. coll. p. c. qu'il signifie une totalité de choses, f. pl. p. c. qu'il qual. un subst. fém. pl., règle: l'adj. prend le g. et le n. du subst. qu'il qual.
4. *Tout*, adj. coll. pris adverbialement p. c. qu'il sign. *tout-à-fait*, invariable p. c. qu'il est devant un adj. masculin.
5. *Tout*, adj. coll. pris adverbialement p. c. qu'il signifie *entièrement*, invariable p. c. qu'il est devant un adj. féminin qui commence par une voyelle.
6. *Toute*, adj. coll. pris adverbialement p. c. qu'il sign. *tout-à-fait*, s'accorde p. c. qu'il est devant un adj. fém. qui commence par une consonne.

ADJECTIF INDEFINI. — *Quelque.*

QUELQUE puissants que soient les monarques, ils sont mortels comme leurs sujets. QUELQUES faux bruits qu'on a semés. QUELQUES raisons qu'on m'allègue... QUELLE QUE soit votre intention...

1. *Quelque*, adj. indéfini signifiant *tout que* (*tout* puissants *qu'*ils sont) pris adverbialement et modifiant un adj., invariable pour ces raisons.
2. *Quelques*, adj. ind., m. pl. p. c. qu'il se rapporte au subst. *bruits* qui est du m. et du pl., prend *s* p. c. que ne signifiant pas *tout que*, il n'est pas pris comme adverbe.
3. *Quelques*, adj. ind., f. pl. p. c. qu'il se rapporte au subst. *raisons* qui est du f. et du pl., prend *s* p. c. qu'il est devant un subst. et qu'il ne signifie pas *tout que*.
4. *Quelle*, adj. ind., f. s. p. c. qu'il a rapp. au subst. *intention* dont il prend le g. et le n., s'écrit en deux mots séparés p. c. que le verbe se trouve entre le subst. et *quelle*.

2. ACCORD DE L'ADJECTIF AVEC PLUSIEURS SUBSTANTIFS.

Le roi et le berger sont ÉGAUX après la mort. La marquise et la duchesse sont GÉNÉREUSES. Le mensonge et la vérité sont OPPOSÉS.

1. *Egaux*, adj. p. c. qu'il qualifie, au positif p. c. qu'il

n'exprime aucun rapport de comparaison, m. pl. p. c. qu'il qual. deux subst. m., règle : quand l'adj. a rapp. à deux subst. on le met au pl.

2. *Généreuses*, adj. p. c. qu'il qualifie, au positif p. c. qu'il n'exprime aucun rapport de comparaison, f. pl. p. c. qu'il qual. deux subst fém., règle : quand l'adj. a rapp. à deux subst. on le met au pl.

3. *Opposés*, adj. p. c. qu'il qual., au posit. p. c. qu'il n'exprime aucun rapp. de comparaison, m. à cause du subst. *mensonge* qui a la priorité, pl. p. c. qu'il a rapport. à deux subst., règle : quand l'adj. a rapp. à deux subst. on le met au pl.

ACCEPTIONS DU PRONOM.

PRONOMS PERSONNELS EN SUJET.

PERSONNE. — JE me trompe, disait le ministre à la reine, c'est à vous qu'on en veut. Nous commanderons, dirent les femmes.

1. *Je*, pronom p. c. qu'il tient la place du subst. *ministre*, personnel p. c. qu'il a rapport à une personne, de la 1re pers. p. c. que c'est celle qui parle ; m. s. p. c. qu'il a rapport à un subst. m. s., suj. de *trompe* p. c. que ce verbe affirme de ce mot une action (*trompant*).

2. *Nous*, pronom p. c. qu'il tient la place du substantif *femmes*, pers. p. c. qu'il a rapp. à des personnes, de la 1re pers. p. c. que c'est celle qui parle, f. pl. p. c. qu'il a rapp. à un subst. f. pl., sujet de *commanderons* p. c. que ce verbe aff. de ce mot une action (*commandant*).

2e PERSONNE. — TU te déshonores, Brutus. Vous pleurez, filles de Jérusalem. Zaïre ! vous n'êtes pas chrétienne.

1. *Tu*, pronom p. c. qu'il tient la place du subst. *Brutus*, pers. p. c. qu'il a rapp. à une personne, de la 2e pers. p. c. que c'est celle à qui l'on parle, m. s. p. c. qu'il a rapport à un subst. m. s., suj. de *déshonores*, p. c. q. ce verbe aff. de ce mot une action (*déshonorant*).

2. *Vous*, pronom p. c. qu'il tient la place du subst. *filles*, pers. p. c. qu'il a rapp. à des personnes, de

la 2e pers. p. c. que c'est celle à qui l'on parle, f. pl. p. c. qu'il a rapp. à un subst. f. pl., sujet de *pleurez* p. c. que ce verbe aff. de ce mot une act. (*pleurant*).

3. *Vous*, pronom p. c. qu'il tient la place du subst. *Zaïre*, pers. p. c. qu'il a rapport à une personne, de la 2e pers. p. c. que c'est celle à qui l'on parle, f. s. p. c. qu'il a rapp. à un subst. f. s., sujet de *êtes* p. c. que ce verbe aff. de ce mot une qualité (*chrétienne*).

3e PERSONNE. — Le renard dit qu'IL n'était point coupable. Les ennemis se hâtent ; ILS seront arrivés... Votre fils était à cette bataille : LUI et son capitaine se sont distingués. J'ai vu vos enfants, EUX et les miens vous offrent leurs respects. Qu'ELLE est laide cette petite créature ! Qu'ELLES sont impertinentes ces personnes-là !

1. *Il*, pronom p. c. qu'il tient la place du subst. *renard*, pers. p. c. qu'il a rapp. à un animal, de la 3e pers. p. c. que c'est celle dont on parle, m. s. p. c. qu'il a rapp. à un subst. m. s., sujet de *était* p. c. que ce verbe aff. de ce mot une qualité (*coupable*).
2. *Ils*, pronom. p. c. qu'il tient la place du subst. *ennemis*, pers. p. c. qu'il a rapp. à des personnes, de la 3e pers. p. c. que c'est celle dont on parle, m. pl. p. c. qu'il a rapport à un subst. m. pl., sujet de *seront* p. c. que ce verbe aff. de ce mot une qual. (*arrivés*).
3. *Lui*, pronom. p. c. qu'il tient la place du subst. *fils*, pers. p. c. qu'il a rapport à une personne, de la 3e pers. p. c. que c'est celle dont on parle, m. s. p. c. qu'il a rapp. à un subst. m. s., 1er sujet de *se sont distingués* p. c. que ce verbe aff. de ce mot une qual. (*distingué*).
4. *Eux*, pronom p. c. qu'il tient la place du subst. *enfants*, pers. p. c. qu'il a rapp. à des personnes, de la 3e pers. p. c. que c'est celle dont on parle, m. pl. p. c. qu'il a rapport à un subst. m. pl., 1er suj. de *offrent* p. c. que ce verbe affirme de ce mot une act. (*offrant*).
5. *Elle*, pronom p. c. qu'il tient la place du subst. *créature*, pers. p. c. qu'il a rapp à une personne, de la 3e pers. p. c. que c'est celle dont on parle, f. s. p. c.

qu'il a rapport à un subst. f. s., suj. de *est* p. c. que ce verbe aff. de ce mot une qual. (laide).

6. *Elles*, pronom p. c. qu'il tient la place du substantif *personnes*, pers. p. c. qu'il a rapp. à des personnes, de la 3e pers. p. c. que c'est celle dont on parle, f. pl. p. c. qu'il a rapp. à un subst. f. pl., suj. de *sont* p. c. que ce verbe aff. de ce mot une qual. (impertinentes).

PRONOMS PERSONNELS EN RÉGIME.

1re Personne. — Dieu ME protége, disait Louis IX. Cet enfant ME plaît, disait la fille de Pharaon. Dieu NOUS aime, disaient les Israélites. Vous NOUS devez l'obéissance, à nous ministres.

1. *Me*, pronom p. c. qu'il tient la place du subst. *Louis*, pers. p. c. qu'il a rapp. à une personne, de la 1re pers. p. c. que c'est celle qui parle, m. s. p. c. qu'il a rapport à un subst. m. s., régime simple de *protégé* p. c. qu'il s'unit à ce verbe sans terme intermédiaire.
2. *Me* (pour *à moi*), pronom p. c. qu'il tient la place du subst. *fille*, pers. p. c. qu'il a rapp. à une pers., de la 1re pers. p. c. que c'est celle qui parle, f. s. p. c. qu'il a rapport à un subst. f. s., rég. composé de *plaît* p. c. qu'il s'unit à ce verbe par le moyen de la préposition *à* sous-entendue.
3. *Nous*, pronom p. c. qu'il tient la place du substantif *Israélites*, pers. p. c. qu'il a rapp. à des personnes, de la 1re pers. p. c. que c'est celle qui parle, m. pl. p. c. qu'il a rapp. à un subst. m. pl., rég. s. de *aime*, p. c. qu'il s'unit à ce verbe sans ter. interm.
4. *Nous* (pour *à nous*), pronom p. c. qu'il tient la place du subst. *ministres*, pers. p. c. qu'il a rapport a des personnes, de la 1re pers. p. c. que c'est celle qui parle, m. pl. p. c. qu'il a rapport à un subst. m. pl.; rég. c. de *devez* p. c. qu'il s'unit à ce verbe par le moyen de la prép. *à* sous-ent.

2e Personne. — Tu TE trompes, César.

Tu **TE** nuis, ma fille. Je vous punirai, enfants indociles. Dieu vous fera miséricorde, pécheresses repentantes.

1. *Te*, pronom p. c. qu'il tient la place du subst. *César*, pers. p. c. qu'il a rapp. à une personne, de la 2e pers. p. c. que c'est celle à qui l'on parle, m. s. p. c. qu'il a rapp. à un subst. m. s., rég. s. de *trompes* p. c. qu'il s'unit à ce verbe sans ter. interm.
2. *Te* (pour *à toi*), pronom p. c. qu'il tient la place du subst. *fille*, pers. p. c. qu'il a rapport à une personne, de la 2e pers. p. c. que c'est celle à qui l'on parle, f. s. p. c. qu'il a rapport à un subst. f. s., régime c. de *nuis* p. c. qu'il s'unit à ce verbe par le moyen de la prép. *à* sous-ent.
3. *Vous*, pronom p. c. qu'il tient la place du substantif *enfants*, pers. p. c. qu'il a rapport à des personnes, de la 2e pers. p. c. que c'est celle à qui l'on parle, m. pl. p. c. qu'il a rapport à un subst. m. pl., rég. s. de *punirai* p. c. qu'il s'unit à ce verbe sans ter. interm.
4. *Vous* (pour *à vous*), pronom p. c. qu'il tient la place du subst. *pécheresses*, pers. p. c. qu'il a rapport à des personnes, 2e pers. p. c. que c'est celle à qui l'on parle, f. pl. p. c. qu'il a rapport à un subst. f. pl., rég. c. de *fera* p. c. qu'il s'unit à ce verbe par le moyen de la prép. *à* sous-ent.

3e PERSONNE. — J'ai vu là votre père; je n'ai connu que **LUI**. Nous connaissons votre mère, nous **LUI** donnerons de vos nouvelles. N'aimer que **SOI** c'est être égoïste. Qui ne vit que pour **SOI** n'est pas digne de vivre. L'homme orgueilleux **SE** loue. Ces personnes **SE** nuisent.

1. *Lui*, pronom p. c. qu'il tient la place du subst. *père*, pers. p. c. qu'il a rapport à une personne, de la 3e pers. p. c. que c'est celle dont on parle, m. s. p. c. qu'il a rapport à un subst. m. s., rég. sim. de *ai connu* p. c. qu'il s'unit à ce verbe sans terme interm.
2. *Lui* (pour *à elle*), pronom p. c. qu'il tient la place du subst. *mère*, pers. p. c. qu'il a rapport à une per-

sonne, de la 3e pers. p. c. que c'est celle dont on parle, f. s. p. c. qu'il a rapport à un subst. f. s., rég. c. de *donnerons* p. c. qu'il s'unit à ce verbe par le moyen de la prép. *à* sous-ent.

3. *Soi*, pronom p. c. qu'il tient la place d'un subst. indéterminé, pers. p. c. qu'il a rapport à une personne, de la 3e pers. p. c. que c'est celle dont on parle, des deux genres p. c. qu'il peut tenir la place et d'un homme et d'une femme, toujours au s., rég. de *aimer* p. c. qu'il s'unit à ce verbe sans ter. interm.

4. *Soi*, pronom p. c. qu'il tient la place d'un subst. indéterminé, pers. p. c. qu'il a rapport à une personne, de la 3e pers. p. c. que c'est celle dont on parle, des deux genres p. c. qu'il peut tenir la place et d'un homme et d'une femme, toujours au s., complément de la prép. *pour* p. c. qu'il y ajoute une idée nouvelle.

5. *Se*, pronom p. c. qu'il tient la place du subst. *homme*, pers. p. c. qu'il a rapp. à une personne, de la 3e pers. p. c. que c'est celle dont on parle, m. s. p. c. qu'il a rapp. à un subst. m. s., rég. s. de *loue* p. c. qu'il s'unit à ce verbe sans ter. interm.

6. *Se* (pour *à elles*), pronom p. c. qu'il tient la place du subst. *femmes*, pers. p. c. qu'il a rapp. à des personnes, de la 3e pers. p. c. que c'est celle dont on parle, f. pl. p. c. qu'il a rapport à un subst. f. pl., rég. c. de *nuisent* p. c. qu'il s'unit à ce verbe par le moyen de la prép. *à* sous-ent.

PRONOMS POSSESSIFS EN SUJET.

1re PERSONNE. — Votre père et le MIEN iront à Paris. Votre mère et la MIENNE sont heureuses. Votre souverain est cruel, le NÔTRE est clément. Sa leçon et la NÔTRE ont été apprises.

1. *Mien*, pr. p. c. qu'il tient la place du subst. *père*, possessif p. c. qu'il marque la possession, de la 1re pers. p. c. que c'est celle qui parle, m. s. p. c. qu'il a rapp. à un subst. m. s., 2e suj. de *iront* p. c. que ce verbe aff. de ce mot une act. (allant).

2. *Mienne*, pr. p. c. qu'il tient la place du subst. *mère*,

poss. p. c. qu'il marque la possession, de la 1re pers. p. c. que c'est celle qui parle, f. s. p. c. qu'il a rapp. à un subst. f. s., 2e sujet de *sont* p. c. que ce verbe aff. de ce mot une qual. (heureuses).

3. *Nôtre*, pr. p. c. qu'il tient la place du subst. *souverain*, poss. p. c. qu'il marque la possession, de la 1re p. p. c. que c'est celle qui parle, m. s. p. c. qu'il a rapp. à un subst. m. s., suj. de *est* p. c. que ce verbe aff. de ce mot une qual. (clément).

4. *Nôtre*, pr. p. c. qu'il tient la place du subst. *leçon*, poss. p. c. qu'il marque la possession, de la 1re pers. p. c. que c'est celle qui parle, f. s. p. c. qu'il a rapp. à un subst. f. s., 2e suj. de *ont été apprises*, p. c. que ce verbe aff. de ce mot une qual. (apprises).

2e PERSONNE. — Mon livre et le TIEN, ma plume et la TIENNE ont été volés. Tel était leur général, tel est le VÔTRE. Ma gloire et la VÔTRE ne se sont point ternies.

1. *Tien*, pr. p. c. qu'il tient la place du subst. *livre*, poss. p. c. qu'il marque la possession, de la 2e pers. p. c. que c'est celle à qui l'on parle, m. s. p. c. qu'il a rapp. à un subst. m. s., 2e suj. de *ont été volés*, p. c. que ce verbe aff. de ce mot une qual. (volé).

2. *Tienne*, pr. p. c. qu'il tient la place du subst. *plume*, poss. p. c. qu'il marque la possession, de la 2e pers. p. c. que c'est celle à qui l'on parle, f. s. p. c. qu'il a rapport à un subst. f. s., aut. suj. de *ont été volés* p. c. que ce verbe aff. de ce mot une qual. (volée).

3. *Vôtre*, pr. p. c. qu'il tient la place du subst. *général*, poss. p. c. qu'il marque la possession, de la 2e pers. p. c. que c'est celle à qui l'on parle, m. s. p. c. qu'il a rapp. à un subst. m. s., suj. de *est* p. c. que ce verbe aff. de ce mot une qual. (tel).

4. *Vôtre*, pr. p. c. qu'il tient la place du subst. *gloire*, poss. p. c. qu'il marque la possession, de la 2e pers. p. c. que c'est celle à qui l'on parle, f. s. p. c. qu'il a rapp. à un subst. f. s., 2e suj. de *ne se sont point ternies* p. c. que ce verbe aff. de ce mot une qual. (ternie).

3e PERSONNE. — Votre honneur et le SIEN

ont été ternis. Mon avoine et la SIENNE ont été endommagées. Votre ouvrage et le LEUR sont estimés. Sa vie et la LEUR ont été exposées.

1. *Sien*, pr. p. c. qu'il tient la place du subst. *honneur*, poss. p. c. qu'il marque la possession, de la 3e pers. p. c. que c'est celle dont on parle, m. s. p. c. qu'il a rapp. à un subst m. s., 2e suj. de *ont été ternis* p. c. que ce verbe aff. de ce mot une qual. (terni).
2. *Sienne*, pr. p. c. qu'il tient la place du subst. *avoine*, poss. p. c. qu'il marque la possesion, de la 3e pers. p. c. que c'est celle dont on parle, f. s. p. c. qu'il a rapp. à un subst. f. s., 2e suj. de *ont été endommagées* p. c. que ce verbe aff. de ce mot une qual. (endommagée).
3. *Leur*, pr. p. c. qu'il tient la place du subst. *ouvrage*. poss. p. c. qu'il marque la possession, de la 3e pers. p. c. que c'est celle dont on parle, m. s. p. c. qu'il a rapp. à un subst. m. s., 2e suj. de *sont estimés* p. c. que ce verbe aff. de ce mot une qual. (estimé).
4. *Leur*, pr. p. c. qu'il tient la place du subst. *vie*, poss. p. c. qu'il marque la possession, de la 3e pers. p. c. que c'est celle dont on parle, f. s. p. c. qu'il a rapp. à un subst. f. s., 2e suj. de *ont été exposées* p. c. que ce verbe aff. de ce mot une qual. (exposée).

PRONOMS POSSESSIFS EN RÉGIME.

1re PERSONNE. — On estime vos frères et les MIENS. On a nui à vos sœurs et aux MIENNES. Il vante ses combats et les NÔTRES. L'histoire fera mention de leurs victoires et des NÔTRES.

1. *Miens*, pr. p. c. qu'il tient la place du subst. *frères*, poss. p. c. qu'il marque la possession, de la 1re pers. p. c. que c'est celle qui parle, m. pl. p. c. qu'il a rapp. à un subst. m. pl., rég. s. de *estime* p. c. qu'il s'unit à ce verbe sans un terme interm.
2. *Miennes*, pr. p. c. qu'il tient la place du subst. *sœurs*, poss. p. c. qu'il marque la possession, de la 1re pers. p. c. que c'est celle qui parle, f. pl. p. c. qu'il a rapp. à un subst. f. pl., rég. c. de *a nui* p. c. qu'il s'unit à ce

verbe par le moyen de la proposition *à* renfermée dans *aux* pour (à les).

3. *Nôtres*, pr. p. c. qu'il tient la place du subst. *combats*, poss. p. c. qu'il marque la possession, de la 1re pers. p. c. que c'est celle qui parle, m. pl. p. c. qu'il a rapp. à un subst. m. pl., rég. s. de *vante* p. c. qu'il s'unit à ce verbe sans un terme interm.
4. *Nôtres* pr. p. c. qu'il tient la place du subst. *victoires*, poss. p. c. qu'il marque la possession, de la 1re pers. p. c. que c'est celle qui parle, f. pl. p. c. qu'il a rapp. à un subst. f. pl., rég. c. de *fera* p. c. qu'il s'unit à ce verbe par le moyen de la prép. *de* renfermée dans *des* pour (de les).

2e PERSONNE. — On a volé mes oiseaux et les TIENS. Il s'est servi de mes armes et des TIENNES. Je loue leurs plans et les VÔTRES. Servez-vous de mes armes et des VÔTRES.

1. *Tiens*, pr. p. c. qu'il tient la place du subst. *oiseaux*, poss. p. c. qu'il marque la possession, de la 2e pers. p. c. que c'est celle à qui l'on parle, m. pl. p. c. qu'il a rapp. à un subst. m. pl. rég., s. de *a volé* p. c. qu'il s'unit à ce verbe sans un t. interm.
2. *Tiennes*, pr. p. c. qu'il tient la place du subst. *armes*, poss. p. c. qu'il marque la possession, de la 2e pers. p. c. que c'est celle qui parle, f pl. p. c. qu'il a rapp. à un subst f. pl. rég. c. de *s'est servi* p. c. qu'il s'unit à ce verbe par le moyen de la prép. *de* renfermée dans *des* pour (de les).
3. *Vôtres*, pr. p. c. qu'il tient la place du subst. *plans*, poss. p. c. qu'il marque la possession, de la 2e pers. p. c. que c'est celle à qui l'on parle, m. pl. p. c. qu'il a rapp. à un subst. m. pl., rég. s. de *loue* p. c. qu'il s'unit à ce verbe sans un terme interm.
4. *Vôtres*, pr. p. c. qu'il tient la place du subst. armes, poss. p. c. qu'il marque la possession, de la 2e. pers. p. c. que c'est celle à qui l'on parle, f. pl. p. c. qu'il a rapp. à un subst. f. pl., rég. c. de *servez* p. c. qu'il s'unit à ce verbe par le moyen de la prép. *de* renfermée dans *des* pour (de les).

3e PERSONNE. — On a vendu mes biens et les SIENS. On a parlé de vos vertus et des

SIENNES. On a brûlé mes livres et les LEURS. J'écris avec mes plumes et les LEURS.

1. *Siens*, pr. p. c. qu'il tient la place du subst. *biens*, poss. p. c. qu'il marque la possession, de la 3e pers. p. c. que c'est celle dont on parle, m. pl. p. c. qu'il a rapp. à un subst. m. pl., rég. s. de *a vendu* p. c. qu'il s'unit à ce verbe sans un terme interm.
2. *Siennes*, pr. p. c. qu'il tient la place du subst. *vertus*, poss. qu'il marque la possession, de la 3e pers. p. c. que c'est celle dont on parle, f. pl. p. c. qu'il a rapp. à un subst. f. pl., rég. c. de *a parlé* p. c. qu'il s'unit à ce verbe par le moyen de la prép. *de* renfermée dans *des* pour (de les).
3. *Leurs*, pr. p. c. qu'il tient la place du subst. *livres*, poss. p. c. qu'il marque la possession, de la 3e pers. p. c. que c'est celle dont on parle, m. pl. p. c. qu'il a rapp. à un subst. m. pl., rég. s. de *a brûlé* p. c. qu'il s'unit à ce verbe sans un terme interm.
4. *Leurs*, pr. p. c. qu'il tient la place du subst. *plumes*, poss. p. c. qu'il marque la possession, de la 3e pers. p. c. que c'est celle dont on parle, f. pl. p. c. qu'il a rapp. à un subst. f. pl., rég. c. de *écris* p. c. qu'il s'unit à ce verbe par le moyen de la prép. *avec*.

PRONOMS DÉMONSTRATIFS EN SUJET.

Cet homme est double; CELUI dont vous me parlez est franc. Arthémise et Xerxès étaient bien différents; CELUI-CI était lâche, CELLE-LA courageuse. C'EST la vertu qui est estimée.

1. *Celui*, pr. p. c. qu'il tient la place du subst. *homme*, démonstratif p. c. qu'il sert à montrer une personne, de la 3e pers. p. c. que c'est celle dont on parle, m. s. p. c. qu'il a rapp. à un subst. m. s., suj. de *est* p. c. que ce verbe aff. de ce mot une qual. (franc).
2. *Celui-ci*, pr. p. c. qu'il tient la place du subst. *Xerxès*, dém. p. c. qu'il sert à montrer une pers., de la 3e pers. p. c. que c'est celle dont on parle, m. s. p. c. qu'il a rapp. à un subst. m. s., suj. de *était* p. c. que ce verbe aff. de ce mot une qualité (lâche).

3. *Celle-là*, pr. p. c. qu'il tient la place du subst. *Arthémise*, dém. p. c. qu'il sert à montrer une personne, de la 3e pers. p. c. que c'est celle dont on parle, f. s. p. c. qu'il a rapp. à un subst. f. s., suj. de *était* p. c. que ce verbe aff. de ce mot une qualité (courageuse).
4. *Ce*, pr. p. c. qu'il tient la place du subst. *objet* s.-ent., dém. p. c. qu'il sert à montrer une chose, de la 3e pers. p. c. que c'est celle dont on parle, m. s. p. c. qu'il a rapp. à un subst. m. s., suj. de *est* p. c. que ce verbe aff. de ce mot une qual. (estimé).

PRONOMS DÉMONSTRATIFS EN RÉGIME.

Je n'aime pas ces ouvrages, je préfère CEUX que je viens d'acheter. Voilà de bien belles armes; je me servirai de CELLES qui vous ont appartenu. Les Romains et les nations voisines étaient souvent en guerre; l'histoire met CEUX-LA au-dessus de CELLES-CI pour la valeur. Nous estimons souvent CE que d'autres méprisent.

1. *Ceux*, pr. p. c. qu'il tient la place du subst. *ouvrages*, dém. p. c. qu'il sert à montrer des choses, de la 3e pers. p. c. que c'est celle dont on parle, m. pl. p. c. qu'il a rapp. à un subst. m. pl., rég. s. de *préfère* p. c. qu'il s'unit à ce verbe sans un terme interm.
2. *Celles*, pr. p. c. qu'il tient la place du subst. *armes*, dém. p. c. qu'il sert à montrer des choses, de la 3e pers. p. c. que c'est celle dont on parle, f. pl. p. c. qu'il a rapp. à un subst. f. pl., rég. c. de *servirai* p. c. qu'il s'unit à ce verbe par le moyen de la prép. *de*.
3. *Ceux-là*, pr. p. c. qu'il tient la place du subst. *Romains*, dém. p. c. qu'il sert à montrer des pers., de la 3e pers. p. c. que c'est celle dont on parle, m. pl. p. c. qu'il a rapp. à un subst. m. pl., rég. s. de *met* p. c. qu'il s'unit à ce verbe sans un terme interm.
4. *Celles-ci*, pr. p. c. qu'il tient la place du subst. *nations*, dém. p. c. qu'il sert à montrer des pers., de la 3e pers. p. c. que c'est celle dont on parle, f. pl. p. c. qu'il a rapp. à un subst. f. pl., rég. c. de *met*. p. c.

qu'il s'unit à ce verbe par le moyen de la prép. *au-dessus.*

5. *Ce*, pr. p. c. qu'il tient la place du subst. *objet*, dém. p. c. qu'il sert à montrer une chose, de la 3e pers. p. c. que c'est celle dont on parle, m. s. p. c. qu'il a rapp. à un subst. m. s., rég. s. de *estimons* p. c. qu'il s'unit à ce verbe sans un terme interm.

PRONOMS RELATIFS EN SUJET.

Le premier QUI fut roi fut un soldat heureux. Voilà les femmes QUI sont les plus célèbres.

1. *Qui*, pr. p. c. qu'il tient la place du subst. *homme* s.-ent., relatif p. c. qu'il a rapport à une pers., m. s. p. c. qu'il a rapp. à un subst. m., s. suj. de *fut* p. c. que ce verbe aff. de ce mot une qual. (heureux).
2. *Qui*, pr. p. c. qu'il tient la place du subst. *femmes*, rel. p. c. qu'il a rapport à des personnes, f. pl. p. c. qu'il a rapp à un subst. f. pl., suj. de *sont* p. c. que ce verbe aff. de ce mot une qual. (célèbres).

PRONOMS RELATIFS EN RÉGIME.

Un grand cœur est touché du don QU'on lui fait. Les vertus QUE j'ai rencontrées sous le chaume. Le travail AUQUEL je me livre. Les sciences AUXQUELLES je m'applique. Le livre DONT je me sers. Les histoires DONT je fais ma lecture. Prenez ce fruit, le goût EN est excellent. Aimons toutes les personnes, et n'EN médisons jamais. Les blés étaient mûrs, lorsque Samson y mit le feu. La chose à QUOI l'avare pense le moins.

1. *Que*, pr. p. c. qu'il tient la place du subst. *don*, rel. p. c. qu'il a rapp. à une chose, m. s. p. c. qu'il a rapp. à un subst. m. s., rég. s. de *fait* p. c. qu'il s'unit à ce verbe sans un terme interm.
2. *Que*, pr. p. c. qu'il tient la place du subst. *vertus*, rel. p. c. qu'il a rapp. à des choses, f. pl. p. c. qu'il a

rapp. à un subst. f. pl., rég. s. de *ai rencontrées* p. c. qu'il s'unit à ce verbe sans un terme interm.

3. *Auquel*, pr. p. c. qu'il tient la place du subst. *travail*, rel. p. c. qu'il a rapp. à une chose, m. s. p. c. qu'il a rapp. à un subst. m. s., rég. c. de *livre* p. c. qu'il s'unit à ce verbe par le moyen de la prép. *à* renfermée dans *au* (pour *à le*).

4. *Auxquelles*, pr. p. c. qu'il tient la place du subst. *sciences*, rel. p. c. qu'il a rapp. à des choses, f. pl. p. c. qu'il a rapp. à un subst. f. pl., rég. c. d'*applique* p. c. qu'il s'unit à ce verbe par le moyen de la prép. *à* renfermée dans *aux* (pour *à les*).

5. *Dont*, pr. p. c. qu'il tient la place du subst. *livre*, rel. p. c. qu'il a rapp. à une chose, m. s. p. c. qu'il a rapp. à un subt. m. s., rég. de *sers* p. c. qu'il signifie *duquel.*

6. *Dont*, pr. p. c. qu'il tient la place du subst. *histoires*, rel. p. c. qu'il a rapp. à un subst. f. pl., rég. c. de *fais* p. c. qu'il signifie *desquelles.*

7. *En*, pr. p. c. qu'il tient la place du subst. *fruit*, rel. p. c. qu'il a rapp. à une chose, m. s. p. c. qu'il a rapp. à un subst. m. s., complément comp. de *goût* p. c. qu'il signifie (*de lui*).

8. *En*, pr. p. c. qu'il tient la place du subst. *personnes*, rel. p. c. qu'il a rapp. à des pers., f. pl. p. c. qu'il a rapp. à un subst. f. pl., rég. c. de *médisons* p. c. qu'il signifie d'*elles.*

9. *Y*, pr. p. c. qu'il tient la place du subst. *blés*, rel. p. c. qu'il a rapp. à des choses, m. pl. p. c. qu'il a rapp. à un subst. m. pl., rég. c. de *nuit* p. c. qu'il signifie *à eux.*

10. *Quoi*, pr. p. c. qu'il tient la place du subst. *chose*, rel. p. c. qu'il a rapp. à une chose, f. s. p. c. qu'il a rapp. à un subst. f. s., rég. c. de *pense* p. c. qu'il s'unit à ce verbe par le moyen de la prép *à*.

SUITE DES PRONOMS RELATIFS EN RÉGIME.

LE, LA, LES. Le vrai bonheur n'est qu'au Ciel, il faut LE mériter. Les richesses se perdent, méprisez-LES. J'aime sa victoire et je LE puis sans craindre. Êtes-vous chrétienne? Oui, je LE suis.

1. *Le*, pr. p. c. qu'il tient la place du subst. *bonheur*, rel. p. c. qu'il a rapp. à une chose, m. s. p. c. qu'il a rapp. à un subst. m. s., rég. s. de *mériter* p. c. qu'il s'unit à ce verbe sans un terme interm.
2. *Les*, pr. p. c. qu'il tient la place du subst. *richesses*, rel. p. c. qu'il a rapp. à des choses, f. pl. p. c. qu'il a rapp. à un subst. f. pl., rég. s. de *méprisez* p. c. qu'il s'unit à ce verbe sans un terme interm.
3. *Le*, pr. p. c. qu'il tient la place de l'inf. *aimer* s.-ent. avec son comp. (je puis aimer sa victoire), rel. p c. qu'il a rapp. à cet inf., inv. par la même raison, rég. s. de *puis*. p. c. qu'il s'unit à ce verbe sans un terme interm.
4. *Le*, pr. p. c. qu'il tient la place de l'adj. *chrétienne*, rel. p. c. qu'il a rapp. au mot *cela* s.-ent. (Je suis *cela*, *chrétienne*), inv. p. c. que cet adj. ne peut pas régler l'accord.

PRONOMS INDÉFINIS.

ON relit tout Racine, ON choisit dans Voltaire. Quand ON est mère, ON est indulgente. QUICONQUE a bu boira. QUELQU'UN a dit que l'âme du monde est le soleil. Ils ont donné leurs avis CHACUN selon ses vues. Les charrettes perdirent CHACUNE leur essieu. Le bien d'AUTRUI blesse les envieux. Ces deux hommes s'estiment L'UN L'AUTRE. TEL qui rit aujourd'hui, demain pleurera.

1. *On*, pr. ind. p. c. qu'il tient la place du subst. *homme* s.-ent. sans le particulariser, m. s. p. c. qu'il tient la place d'un subst. m. s., suj. de *relit* p. c. que ce verbe aff. de ce mot une action (relisant).
2. *On*, pr. ind. p. c. qu'il tient la place du subst. *femme*, s.-ent. sans particulariser, f. s. p. c. qu'il a rapp. à un subst. f. s., suj. de *est* p. c. que ce verbe aff. de ce mot une qual. (mère).
3. *Quiconque*, pr. ind. p. c. qu'il tient la place du subst. *homme* s.-ent. sans le particulariser, m. s. p. c. qu'il a rapp. à un subst. m. s., suj. de *a bu* et de *boira* p. c. que ce verbe aff. de ce mot une action (buvant).

4. *Quelqu'un*, pr. ind. p. c. qu'il tient la place du subst. *homme* s.-ent. sans le particulariser, m. s. p. c. qu'il a rapp. à un subst. m. s., suj. de *a dit* p. c. que ce verbe aff. de ce mot une action (disant).
5. *Chacun*, pr. ind. p. c. qu'il tient la place du subst. *homme* s.-ent. sans le particulariser, m. s. p. c. qu'il a rapp. à un subst. m. s., toujours du s., suj. de *a donné* s.-ent. au s., p. c. que ce verbe aff. de ce mot une action. (donnant), suivi de *ses* p. c. que le rég. est placé avant *chacun*.
6. *Chacune*, pr. ind. p. c. qu'il tient la place du subst. *charrette* s.-ent. au s. sans le particulariser, f. s. p. c. qu'il a rapp. à un subst. f. s., suj. de *perdit* s.-ent. au s., p. c. que ce verbe aff. de ce mot une action (perdant).
7. *Autrui*, pr. ind. p. c. qu'il tient la place d'un subst. sous-entendu sans le particulariser, il n'a point de genre, s. p. c. qu'il tient la place d'un subst. s., compl. de la préposition *de* p. c. qu'il ajoute à ce mot une idée nouvelle.
8. *L'un l'autre*, pr. ind. p. c. qu'il tient la place du subst. *homme* sous-ent. sans le particulariser, m. s. p. c. qu'il a rapp. à un subst m. s., le 1er est en sujet de *estime* sous-ent. au s. p. c. que ce verbe aff. de ce mot une action (estimant), le 2e est en rég. s. du même v. p. c. qu'il s'unit à ce verbe sans le secours d'un terme interm. (l'un estime l'autre). (figure *zeugme*).
9. *Tel*, pr. ind. p. c. qu'il tient la place du subst. *homme* sous-ent. sans le particulariser, m. s. p. c. qu'il a rapp. à un subst. m. s., suj. du verbe *rit* p. c. que ce verbe aff. de ce mot une action (riant).

ACCEPTIONS DU VERBE.

1. ACCORD DU VERBE AVEC UN SEUL SUJET.

VERBE SUBSTANFIF.

MODE INDICATIF. — Je suis malheureuse, disait Marie-Antoinette.

1. *Suis*, verbe p. c. qu'il aff., subst. p. c. qu'il marque l'existence, au mode ind. p. c. qu'il aff. d'une manière

certaine, au présent p. c. qu'il marque la chose comme étant au moment où parlait Marie-Antoinette, au sing. et à la 1re pers. comme son suj. *je*, règle : accord du verbe avec son sujet.

VERBES ACTIFS.

SUITE DU MODE INDICATIF. — TU ÉTUDIAIS ta leçon quand il écoutait. Il FINIT son ouvrage quand vous le voulûtes. Nous AVONS EU la fièvre cette année. Quand vous EÛTES VENDU votre bien, vous quittâtes le pays. On a dit que ces élèves AVAIENT AIMÉ l'étude. Les enfants SUPPORTERONT les changements que vous voulez faire. Nous AURONS TERMINÉ l'affaire avant que vous arriviez.

1. *Etudiais*, verbe p. c. qu'il aff., actif p. c. qu'il a un rég. simple (leçon), de la 1re conjugaison p. c. qu'il a l'inf. en *er*, au mode ind. p. c. qu'il aff. d'une manière certaine, à l'imparf. p. c. qu'il exprime une act. présente par rapp. à l'act. du 2e verbe, et une act. passée par rapp. à l'instant où je parle (1), au s. et à la 2e pers. comme son suj. *tu*, règle : accord du verbe avec son suj.
2. *Finit*, verbe p. c. qu'il aff., act. p. c. qu'il a un rég. simple (ouvrage), de la 2e conj. p. c. qu'il a l'infinitif en *ir*, au mode indic. p. c. qu'il aff. d'une manière certaine, au prétérit défini p. c. qu'il marque un temps absolument passé, au s. et à la 3e pers. comme son suj. *il*, règle : accord du verbe avec son suj.
3. *Avons eu*, verbe p. c. qu'il aff., a. p. c. qu'il a un rég. s. (fièvre), de la 3e conj. p. c. qu'il a l'inf. en *oir*, au m. ind. p. c. qu'il aff. d'une manière certaine, au prétérit indéfini p. c. qu'il marque un temps passé, mais dont il reste encore une partie à s'écouler, au pl. et à la 1re pers. comme son suj. *nous*, règle : accord du verbe avec son sujet.
4. *Eûtes vendu*, v. p. c. qu'il aff. a. p. c. qu'il a un rég.

(1) Temps dérivé de la première personne plur. du prés. de l'ind. par le changement de *ons* en *ais*.

s. (biens), de la 4e conj. p. c. qu'il a l'inf. en *re*, au m. ind. p. c. qu'il aff. d'une manière certaine, au prét. antérieur, p. c. qu'il marque une chose faite avant une autre dans un temps passé, au pl. et à la 2e pers. comme son suj. *vous*, règle : accord du verbe avec son suj.

5. *Avaient aimé*, v. p. c. qu'il aff., a. p. c. qu'il a un rég. s. (étude), de la 1re conj. p. c. qu'il a l'inf. en *er*, au m. ind. p. c. qu'il aff. d'une manière certaine, au plusque parf. p. c. qu'il marque une act. passée à l'égard d'une autre qui est aussi passée. au pl. et à la 3e pers. comme son suj. *élèves*, règle : accord du v. avec son suj.

6. *Supporteront*, verbe p. c. qu'il aff., a. p. c. qu'il a un rég. s. (changements), de la 1re conj. p. c. qu'il a l'inf. en *er*, au m. ind. p. c. qu'il aff. d'une manière certaine, au futur simple p. c. qu'il marque une chose qui se fera dans un temps qui n'est pas encore, au pl. et à la 3e pers. comme son suj. *enfants*, règle : accord du verbe avec son suj.

7. *Aurons terminé*, verbe p. c. qu'il aff., a. p. c. qu'il a un rég. s. (affaire), de la 1re conj. p. c. qu'il a l'inf. en *er*, au m. ind. p. c. qu'il aff. d'une manière certaine, au futur composé p. c. qu'il marque une chose qui n'est pas encore, mais qui sera avant une autre, au pl. et à la 1re pers. comme son suj. *nous*, règle : accord du verbe avec son suj.

VERBES PASSIFS.

MODE CONDITIONNEL.—Je SERAIS RECHERCHÉ par les hommes, si j'étais riche. Tu AURAIS ÉTÉ APPLAUDI, si tu avais joint les gestes au débit.

1. *Serais recherché*, verbe p. c. qu'il aff., passif p. c. que le suj. en reçoit l'act., de la 1re conj. p. c. qu'il a l'inf. actif en *er*, au m. cond. prés. p. c. qu'il aff. que la chose serait moyennant cette condition (si j'étais riche), au s. et à la 1re pers. comme son suj. règle : accord du verbe avec son suj.

2. *Aurais été applaudi*, verbe p. c. qu'il aff., pass. p. c. que le suj. en reçoit l'act., de la 2e conj. p. c. qu'il a l'inf. act. en *ir*, au m. cond. pas. p. c. qu'il aff. que la chose aurait été moyennant cette condition (si *tu*

avais), au s. et à la 2ᵉ pers. comme son suj. *tu*, règle : accord du verbe avec son suj.

VERBES NEUTRES.

MODE IMPÉRATIF. — VA vite à la maison, jeune homme. COUREZ à la ville, jeunes gens.

1. *Va*, verbe p. c. qu'il aff., n. p. c. qu'il exprime une act. qui ne passe à l'objet qu'à l'aide d'une prép., de la 1ʳᵉ conj. p. c. qu'il a l'inf. en *er*, au m. impératif p. c. qu'on commande, au s. et à la 2ᵉ pers. comme son suj. *tu*, sous-ent., règle : accord du verbe avec son suj.
2. *Courez*, verbe p. c. qu'il aff., n. p. c. qu'il exprime une act. qui ne passe à l'objet qu'à l'aide d'une prép., de la 2ᵉ conj. p. c. qu'il a l'inf. en *ir*, au m. impér. p. c. qu'on commande, au pl. et à la 2ᵉ pers. comme son sujet *vous*, sous-ent., règle : accord du verbe avec son sujet.

VERBES PRONOMINAUX.

MODE SUBJONCTIF. — Dieu me pardonnera, pourvu que je me REPENTE. Craignait-il que tu ne TE MÉFIASSES de lui ? Il importe qu'il se SOIT APERÇU de son erreur. Il n'y avait personne qui ne SE FÛT TENU honoré d'un pareil compliment. Les plus grandes fatigues n'ont rien dont ils SE PLAIGNENT. Quel est l'insensé qui SE PLAISE à s'entendre décrier ? Il n'y a point dans le cœur de l'homme de bons mouvements qui ne SE PRODUISENT par la grâce. C'était la moindre réserve qu'il SE DÛT à lui-même. Ce n'était pas le seul mal qu'il SE FÛT DONNÉ.

1. *Je me repente*, verbe p. c. qu'il aff., pronominal essentiel p. c. qu'il se conjugue toujours avec deux pronoms, actif par la signification p. c. qu'il a un rég. s. (me), de la 2ᵉ conj. p. c. qu'il a l'inf. en *ir*, au m. subjonctif p. c. qu'il dépend de la conj. *pourvu que*, au présent p. c. que je veux exprimer un futur par rapp. au 1ᵉʳ v., au s. et à la 1ʳᵉ pers. comme son suj. *je*, règle : accord du verbe avec son suj.

2. *Tu te méfiasses*, verbe p. c. qu'il aff., pron. ess. p. c. qu'il se conjugue toujours avec deux pron., act. par la sig. p. c. qu'il a un rég. s. (te), de la 1re conj. p. c. qu'il a l'inf. en *er*, au m. subj. p. c. qu'il dépend d'une proposition interrogative qui marque doute, à l'imparf. p. c. que je veux exprimer un présent par rapp. au 1er v., au s. et à la 2e pers. comme son suj. *tu*, règle : accord du v. avec son suj.

3. *Il se soit aperçu*, verbe p. qu'il aff., pron. ess. par le sens p. c. que sans lui nuire on ne saurait retrancher un des pronoms, act. par la sign. p. c. qu'il a un rég. s. (se), de la 3e conj. p. c. qu'il a l'inf. en *oir*, au m. subj. p. c. qu'il est précédé d'un verbe unipers. qui marque nécessité, au prétérit p. c. que je veux exprimer un passé par rapp. au 1er verbe, au s. et à la 3e pers. comme son suj. *il*, règle : accord du v. avec son suj.

4. *Se fût tenu*, verbe p. c. qu'il aff., pron. accidentel p. c. qu'il ne se conjugue que quelquefois avec deux pron., a. par la sig. p. c. qu'il a un rég. s. (se), de la 2e conj. p. c. qu'il a l'inf. en *ir*, au m. subj. p. c. qu'il est placé après le pronom rel. *qui*, précédé du mot *personne*, au plusqueparfait p. c. qu'il exprime un passé par rapp. au 1er verbe et au moment où je parle, au s. et à la 3e pers. comme son suj. *qui*, règle : accord du verbe avec son suj.

5. *Ils se plaignent*, verbe p. c. qu'il aff., pron. acc. p. c. qu'il ne se conjugue que quelquefois avec deux pron., act. par la sig. p. c. qu'il a un rég. s. (se) de la 4e conj. p. c. qu'il a l'inf. en *re*, au m. subj. p. c. qu'il est placé après le pron. rel. *dont* que précède le mot *rien*, au prés. p. c. qu'il marque une chose comme présente, au pl. et à la 3e pers. comme son suj. *ils*, règle : accord du verbe avec son sujet.

6. *Se plaise*, verbe p. c. qu'il aff., pron. acc. p. c. qu'il ne se conjugue que quelquefois avec deux pron., n. par la sig. p. c. qu'il ne peut pas avoir de rég. s., de la 4e conj. p. c. qu'il a l'inf. en *re*, au m. subj. p. c. qu'il est placé après le pr. rel. *qui* que précède une proposition qui marque doute, au prés. p. c. qu'il marque une act. comme présente, au s. et à la 3e pers. comme son suj. *qui*, règle : accord du verbe avec son sujet.

7. *Se produisent*, v. p. c. qu'il aff., pron. acc. p. c. qu'il ne se conjugue que quelquefois avec deux pron., pas. par la sig. p. c. que le suj. reçoit l'ac. de ce v. (qui ne soient produits), de la 4ᵉ conj. p. c. qu'il a l'infinitif en *re*, au m. subj. p. c. qu'il est placé après le pr. rel. *qui* que précède une proposition qui marque doute, au prés. p.c. qu'il marque une chose comme présente, au pl. et à la 3ᵉ pers. comme son sujet *qui*, règle: accord du verbe avec son suj.

8. *Il se dût*, verbe p. c. qu'il aff. pron. acc. p. c. qu'il ne se conjugue que quelquefois avec deux pronoms, act. par la sig. p. c. qu'il a un rég. s. (que), de la 3ᵉ conj. p. c. qu'il a l'inf. en *oir*, au m. subj. p. c. qu'il est placé après le pr. rel. *que*, précédé d'un subst. modifié par un superlatif, à l'imparfait p. c. que je veux exprimer un présent par rapp. au 1ᵉʳ verbe et un passé par rapp. au moment où je parle, au s. et à la 3ᵉ pers. comme son suj. *il*, règle: accord du verbe avec son suj.

9. *Il se fût donné*, verbe p. c. qu'il aff., pron. acc. p. c. qu'il ne se conjugue que quelquefois avec deux pron. act. par la sig. p. c. qu'il a un rég. s. (que), de la 1ʳᵉ conj. p. c. qu'il a l'inf. en *er*, au m. subj. p. c. qu'il est placé après le pr. rel. *que*, précédé d'un subst. modifié par le mot seul, au plusqueparf. p. c. que je veux exprimer un passé par rapp. au 1ᵉʳ v. et par rapp. au moment où je parle, au s. et à la 3ᵉ pers. comme son suj. *il*, règle : accord du verbe avec son sujet.

CORRESPONDANCE ENTRE LES TEMPS.

2ᵉ VERBE AU SUBJONCTIF — Il faut qu'ils SE RENDENT à la force de la vérité. Je douterai toujours qu'il SE SOIT converti. Je ne pense pas que cette affaire SE FÛT TERMINÉE sans votre secours. Avez-vous douté que la probité ne SE CONSIDÈRE comme une vertu ?

1. *Ils se rendent*, v. p. c. qu'il aff., pron. acc. p. c. qu'il ne se conjugue que quelquefois avec deux pronoms, act. par la sig. p. c. qu'il a un rég. s. (se), de la 4ᵉ conj.

p. c. qu'il a l'inf. en *re*, au m. subj. p. c. qu'il est précédé d'un v. unipersonnel qui marque nécessité, au prés. p. c. que je veux exprimer un futur par rapp. au 1er v., au pl. à la 3e pers. comme son suj. *ils*, règle : accord du verbe avec son suj.

2. *Il se soit converti*, v. p. c. qu'il aff., pron. acc. p. c. qu'il ne se conjugue que quelquefois avec deux pron., a. par la signif. p. c. qu'il a un rég. s. (se), de la 2e conj. p. c. qu'il a l'inf. en *ir*, au mode subj. p. c. qu'il est précédé d'un v. qui marque doute, au prét. p. c. qu'il marque une act. passée par rapp. au 1er v., au s. à la 3e pers. comme son suj. *il*, règle : acc. du v. avec son suj.

3. *Se fût terminée*, v. p. c. qu'il aff., pron. acc. p. c. qu'il ne se conjugue que quelquefois avec deux pron., pas. par la sig. p. c. q. le suj. reçoit l'act. de ce v. (l'affaire eût été terminée), de la 1re conj. p. c. qu'il a l'inf. act. en *er*, au m. subj. p. c. qu'il est précédé d'une proposition négative, au plusqueparf. p. c. q. je veux exprimer un passé par rapp. au 1er v. et par rapp. au moment où je parle, au s. à la 3e pers. comme son suj. *affaire*, règle : accord du v. avec son suj.

4. *Se considère*, v. p. c. qu'il aff., pron. acc. p. c. qu'il ne se conjugue que quelquefois avec deux pron., pas. par la sig. p. c. q. le suj. reçoit l'act. de ce v. (la probité soit considérée), de la 1re conj. p. c. qu'il a l'inf. act. en *er*, au m. subj. p. c. qu'il est précédé d'un v. qui marque doute, au prés. p. c. qu'il exprime une vérité permanente, au s. à la 3e pers comme son suj. *probité*, règle : accord du v. avec son suj.

VERBES UNIPERSONNELS.

Avez-vous douté qu'IL NE FAILLE aimer le prochain ? Je craignais qu'IL NE SE FÛT GLISSÉ une faute dans ce calcul.

1. *Il faille*, v. p. c. qu'il aff., unipersonnel p. c. qu'il ne s'emploie qu'à la 3e pers. du s., de la 3e conj. p. c. qu'il a l'inf. en *oir*, au m. subj. p. c. qu'il est précédé d'une proposition interrogative qui marque doute, au prés. p. c. qu'il exprime une vérité permanente, au s. et à la 3e pers. comme son suj. *il*, règle : accord du verbe avec son sujet.

2. *Il se fût glissé*, v. p. c. qu'il aff., pron. acc. p. c. qu'il ne se conjugue que quelquefois avec deux pronoms, pas. par la sig. p. c. que le suj. reçoit l'action de ce verbe, *il, ceci* (savoir une faute) *eût été glissé*, unipers. p. c. qu'il ne s'emploie dans ce sens qu'à la 3e pers. du sing., de la 1re conj. p. c. qu'il a l'inf. actif en *er*, au m. subj. p. c. qu'il est précédé d'une proposition qui marque crainte, au plusqueparf. p. c. q. je veux exprimer un passé par rapp. au 1er verbe et par rapp. au moment où je parle, au s. et à la 3e pers. comme son suj. *il*, règle : accord du verbe avec son sujet.

MODE INFINITIF. — RIRE est son unique occupation. Tous les peuples sont frères et doivent S'AIMER comme tels. Que cet enfant aime à JOUER ! Je crois AVOIR LU. Nous voyons ces hommes VIVANT bien ensemble. L'ennemi est DEVANT PRENDRE la ville.

1. *Rire*, v. p. c. qu'il aff., n. p. c. qu'il ne peut pas avoir un rég. s., de la 4e conj. p. c. qu'il a l'inf. en *re*, au m. infinitif p. c. qu'il exprime une action sans déterminer ni le n. ni la pers., au prés. p. c. q. la chose a lieu au moment où je parle, pris substantivement et suj. de *est*, p. c. q. ce verbe aff. de ce mot une action (riant).
2. *Aimer*, v. p. c. qu'il aff., pron. acc. p. c. qu'il ne se conjugue que quelquefois avec deux pronoms, act. par la sig. p. c. qu'il a un rég. s. (se), de la 1re conj. p. c. qu'il a l'inf. en *er*, au m. inf. p. c. qu'il exprime une action sans déterminer ni le n. ni la pers., au prés. p. c. q. l'action doit être au moment où je parle, complément simple de *doivent* p. c. qu'il ajoute à ce mot une idée nouvelle et qu'il s'y joint sans le secours d'un terme interm.
3. *Jouer*, v. p. c. qu'il aff., n. p. c. qu'il ne peut pas avoir un rég. s., de la 1re conj. p. c. qu'il a l'inf. en *er*, au m. inf. p. c. qu'il exprime une action sans déterminer ni le n. ni la pers., au prés. p. c. q. la chose a lieu au moment où je parle, complément composé de *aime*, p. c. qu'il ajoute une idée nouvelle à ce mot et qu'il s'y joint par le moyen de la préposition *à*.

4. *Avoir lu*, v. p. c. qu'il aff., act. p. c. qu'il peut avoir un rég. s. de la 4ᵉ conj. p. c. qu'il a l'inf. en *re*, au m. inf. p. c. qu'il exprime une action sans déterminer ni le n. ni la pers., au prétérit p. c. qu'il marque une action passée par rapp. au 1ᵉʳ verbe, complément s. de *crois* p. c. qu'il ajoute à ce mot une idée nouvelle et qu'il s'y joint sans le secours d'un terme interm.
5. *Vivant*, v. p. c. qu'il aff., n. p. c. qu'il ne peut pas avoir un rég. s., de la 4ᵉ conj. p. c. qu'il a l'inf. en *re*, au m. inf. p. c. qu'il exprime une action sans déterminer ni le n. ni la pers., au participe p. c. qu'il tient du verbe, au prés. p. c. qu'il exprime une action comme présente, complément de *voyons* p. c. qu'il ajoute à ce mot une idée nouvelle et qu'il s'y joint sans le secours d'un terme interm.
6. *Devant prendre*, v. p. c. qu'il aff., act. p. c. qu'il a un rég. s. (ville), de la 4ᵉ conj. p. c. qu'il a l'inf. en *re*, au m. inf. p. c. qu'il exprime une action sans déterminer ni le n. ni la pers. au part. p. c. qu'il tient du verbe, au futur p. c. qu'il marque la chose comme devant se faire, complément de *est* p. c. qu'il ajoute à ce mot une idée nouvelle.

SUITE DE L'ACCORD DU VERBE AVEC UN SEUL SUJET.

VERBES APRÈS UN COLLECTIF.

L'armée des infidèles FUT TAILLÉE en pièces. La plupart des jeunes gens SE PERDENT. La plupart du monde COURT après la fortune. La pluralité des maîtres n'EST pas bonne. Le sénat fut partagé; la plupart PENSAIENT que...

1. *Fut taillée*, v. p. c. qu'il aff., pas. p. c. q. le sujet reçoit l'action de ce verbe, de la 1ʳᵉ conj. p. c. qu'il a l'inf. actif en *er*, au m. ind. p. c. qu'il aff. d'une manière certaine, au prétérit défini p. c. qu'il marque un temps absolument passé, au s. et à la 3ᵉ pers. comme son suj. *armée*, règle: accord du verbe avec son sujet.
2. *Se perdent*, v. p. c. qu'il aff., pron. acc. p. c. qu'il ne se conjugue que quelquefois avec deux pronoms, act. par la sig. p. c. qu'il a un rég. s. (se), de la 4ᵉ conj. p. c. qu'il a l'inf. en *re*, au m. ind. p. c. qu'il aff. d'une

manière certaine, au prés. p. c. qu'il exprime une action comme se faisant actuellement, au pl. et à la 3e pers. accordé avec *jeunes gens*, car quand le collectif part. est suivi d'un subst. pl. on accorde le verbe avec ce mot par une figure appelée *syllepse*.

3. *Court*, v. p. c. qu'il aff., n. p. c. qu'il ne peut pas avoir un rég. s., de la 2e conj. p. c. qu'il a l'inf. en *ir*, au m. ind. p. c. qu'il aff. d'une manière certaine, au prés. p. c. qu'il exprime une action comme se faisant actuellement, au s. et à la 3e pers. comme son sujet la *plupart* p. c. q. le collectif est suivi d'un subst. sing.

4. *Est*, v. p. c. qu'il aff., subs. p. c. qu'il marque l'existence, au m. ind. p. c. qu'il aff. d'une manière certaine, au prés. p. c. qu'il exprime une chose comme présente, au s. et à la 3e pers. comme son sujet *pluralité* quoiqu'il soit suivi d'un subst. pl. p. c. q. la force du sens attire l'attention sur le collectif.

5. *Pensaient*, v. p. c. qu'il aff. act. p. c. qu'il peut avoir un rég. s., de la 1re conj. p. c. qu'il a l'inf. en *er*, au m. ind. p. c. qu'il aff. d'une manière certaine, à l'imparfait p. c. qu'il marque une chose comme présente au moment où une autre se faisait, au pl. et à la 3e pers. accordé avec le mot *hommes* sous-entendu, objet principal dont l'esprit est préoccupé (par syllepse).

VERBES APRÈS *un de, un des*.

Trajan est un des plus grands princes qui AIENT RÉGNÉ. Eugène est un de mes enfants qui A ÉTÉ NOYÉ.

1. *Aient régné*, v. p. c. qu'il aff., n. p. c. qu'il ne peut pas avoir un rég. s., de la 1re conj. p. c. qu'il a l'inf. en *er*, au m. subj. p. c. qu'il est placé après le pron. rel. *qui* que précède un subst. modifié par un superlatif, au prét. p. c. q. je veux exprimer un passé par rapport au 1er verbe, au pl. à la 3e pers. comme son suj. *qui*, règle : accord du verbe avec son sujet.

2. *A été noyé*, v. p. c. qu'il aff., pas. p. c. q. le suj. reçoit l'action de ce verbe, de la 1re conj. p. c. qu'il a l'inf. act. en *er*, au m. ind. p. c. qu'il aff. d'une manière certaine, au prétérit indéfini p. c. qu'il exprime une chose faite dans un temps qu'on ne désigne pas,

au s. et à la 3e pers. comme son suj. *qui*, règle : accord du verbe avec son suj.

VERBE *être* ACCOMPAGNÉ DE *ce*.

C'ÉTAIT nous qui étions malheureux. Ce SONT eux qui ordonnent la cérémonie. EST-ce elles qui arrivent ? ÉTAIENT-ce les Romains qui combattaient là ? AURAIENT-ce été eux qui eussent remporté la victoire ?

1. *Etait*, v. p. c. qu'il aff., subst. p. c. qu'il marque l'existence, au m. ind. p. c. qu'il aff. d'une manière certaine, à l'imp. p. c. qu'il marque une chose comme présente au moment où une autre était, au s. et à la 3e pers. accordé avec *ce*, règle : le verbe être précédé de *ce* s'accorde avec ce mot quand il est suivi d'une 2e personne.
2. *Sont*, v. p. c. qu'il affirme, substantif p. c. qu'il marque l'existence, au m. ind. p. c. qu'il aff. d'une manière certaine, au prés. p. c. qu'il marque la chose comme étant au moment où je parle, au pl. et à la 3e pers., règle : le verbe être précédé de *ce* suivi d'un pronom de la 3e pers. du pl. s'accorde avec ce pronom.
3. *Est*, v. p. c. qu'il aff., subst. p. c. qu'il marque l'existence, au m. ind. p. c. qu'il aff. d'une manière certaine, au prés. p. c. qu'il affi. la chose comme étant au moment où je parle, au s. et à la 3e pers. accordé avec *ce* p. c. q. ce verbe interroge et qu'il est au prés.
4. *Etaient*, v. p. c. qu'il aff., subst. p. c. qu'il marque l'existence, au m. ind. p. c. qu'il aff. d'une manière certaine, à l'imparfait p. c. qu'il marque une chose comme présente au moment où une autre se faisait, au pl. et à la 3e pers. accordé avec *Romains* p. c. q. ce verbe est suivi de *ce* et qu'il est à l'imparfait.
5. *Auraient été*, v. p. c. qu'il aff., subst. p. c. qu'il marque l'existence, au m. condit. passé, p. c. qu'il marque qu'une chose aurait eu lieu moyennant la condition sous-entendue dont elle dépendait (si le combat s'était engagé), au pl. et à la 3e pers. accordé avec *eux* p. c. q. ce verbe est suivi de *ce*, et qu'il est au condit.

2. Accord du verbe avec plusieurs sujets.

Le Rhône et la Loire SONT les rivières les plus considérables de la France. L'ambassadeur et moi PARTIRONS pour l'Espagne. Vous et lui SAVEZ l'histoire. Vous et moi OBÉISSONS aux lois. C'est le soleil ou la terre qui TOURNE. Ni la cour ni la prospérité N'ONT PU le corrompre. Ni Grimm ni personne ne m'a jamais PARLÉ de cet air. Votre honneur, votre intérêt, Dieu vous commande ce sacrifice.

1. *Sont*, v. p. c. qu'il aff., subst. p. c. qu'il marque l'existence, au m. ind. p. c. qu'il aff. d'une manière cert., au prés. p. c. qu'il marque la chose comme étant au moment où je parle, au pl. et à la 3e pers. p. c. qu'il a pour suj. deux subst., règle : accord du verbe avec le sujet.
2. *Partirons*, v. p. c. qu'il aff., n. p. c. qu'il ne peut pas avoir un rég. s., de la 2e conj. p. c. qu'il a l'inf. en *ir*, au m. ind. p. c. qu'il aff. d'une manière certaine, au futur simple p. c. qu'il marque que la chose se fera dans un temps qui n'est pas encore, au pl. p. c. qu'il a deux sujets, à la 1re pers. à cause du pronom *moi* qui a la priorité.
3. *Savez*, v. p. c. qu'il aff., act. p. c. qu'il a un régime s. (histoire), de la 3e conj. p. c. qu'il a l'inf. en *oir*, au m. ind. p. c. qu'il aff. d'une manière certaine, au prés. p. c. qu'il marque la chose comme étant au moment où je parle, au pl. p. c. qu'il a deux suj., à la 2e pers. à cause du pronom *vous* qui a la priorité.
4. *Obéissons*, v. p. c. qu'il aff., n. p. c. qu'il ne peut pas avoir un rég. s., de la 2e conj. p. c. qu'il a l'inf. en *ir*, au m. ind. p. c. qu'il aff. d'une manière certaine, au prés. p. c. qu'il marque la chose comme se faisant au moment où je parle, au pl. p. c. qu'il a deux suj., à la 1re pers. à cause du pronom *moi*.
5. *Tourne*, v. p. c. qu'il aff., n. p. c. q. dans ce sens il ne peut pas avoir un rég. s., de la 1re conj. p. c. qu'il a l'inf. en *er*, au m. ind. p. c. qu'il aff. d'une manière certaine, au prés: p. c. qu'il marque la chose comme

se faisant an moment où je parle, au s. et à la 3e pers. accordé avec un seul de ces mots, soleil ou terre, p. c. q. la conjonction *ou* donne l'exclusion à l'un d'eux

6. *Ont pu*, v. p. c. qu'il aff., act. p. c. qu'il peut avoir un rég. s., de la 3e conj. p. c. qu'il a l'inf. en *oir*, au m. ind. p. c. qu'il aff. d'une manière certaine, au prétérit indéf. p. c. qu'il marque une chose faite dans un temps qu'on ne désigne pas, au pl. et à la 3e pers. p. c. q. ses deux suj. concourent à l'action.

7. *A parlé*, v. p. c. qu'il aff., n. p. c. q. dans ce sens il ne peut pas avoir un rég. s., de la 1re conj. p. c. qu'il a l'inf. en *er*, au m. ind. p. c. qu'il aff. d'une manière certaine, au prét. indéf. p. c. qu'il marque une chose faite dans un temps qu'on ne désigne pas, au s. p. c. qu'il n'y a qu'un des suj. à concourir à l'action, à la 3e pers. comme son suj.

8. *Commande*, v. p. c. qu'il aff., act. p. c. qu'il a un rég. s. (sacrifice), de la 1re conj. p. c. qu'il a l'inf. en *er*, au m. ind. p. c. qu'il aff. d'une manière certaine, au prés. p. c. qu'il marque la chose comme se faisant au moment où je parle, au s. et à la 3e pers. accordé avec le subst. *Dieu* qui fixe particulièrement l'attention.

ACCEPTIONS DU PARTICIPE.

PARTICIPES PRÉSENTS ET ADJECTIFS VERBAUX.

Voyez-vous ces débris FLOTTANT vers la côte? Les esprits RAMPANTS ne s'élèvent jamais au sublime.

1. *Flottant*, v. p. c. qu'il aff., n. p. c. qu'il ne peut pas avoir un rég. s., de la 1re conj. p. c. qu'il a l'inf. en *er*, au m. inf. p. c. qu'il exprime une action sans déterminer ni le n. ni la pers., au participe p. c. qu'il tient du verbe n. *flotter*, au prés. p. c. qu'il marque une action comme se faisant au moment où je parle.

2. *Rampants* adj. p. c. qu'il exprime un état, verbal p. c. qu'il tient d'un verbe, m. pl. p. c. qu'il a rapp. au subst. *esprits* qui est du m. et du pl.

PARTICIPES PASSÉS DES VERBES ACTIFS.

La reine Didon A FONDÉ Carthage. Voilà

les maux que vous avez CAUSÉS. Les avocats que j'ai ENTENDUS plaider. Les affaires que j'ai vu régler.

1. *Fondé*, participe p. c. qu'il tient de la nature du verbe actif *fonder*, passé p. c. qu'il marque une chose comme étant faite, invariable p. c. qu'il n'est précédé d'aucun rég. s.
2. *Causés*, part. p. c. qu'il tient de la nature du verbe actif *causer*, passé p. c. qu'il marque une chose comme étant faite, variable p. c. qu'il est précédé du rég. s. *que* (pour maux) avec lequel il s'accorde en g. et en n.
3. *Entendus*, part. p. c. qu'il tient de la nature du verbe actif *entendre*, passé p. c. qu'il marque une chose comme étant faite, s'accorde avec le rég. s. *que* (pour avocats) p. c. qu'en tournant la phrase ce rég. se place immédiatement après lui (j'ai entendu *lesquels* avocats plaider).
4. *Vu*, part. p. c. qu'il tient de la nature du verbe actif *voir*, passé p. c. qu'il marque une chose comme étant faite, invar. p. c. q. le rég. s. qui le précède se place après l'inf. en tournant la phrase (j'ai vu régler *lesquelles* affaires).

PARTICIPES PASSSÉS DES VERBES PASSIFS

La ville de Moscou est REBATIE. Les Romains ont été VAINCUS par Annibal.

1. *Rebâtie*, part. p. c. qu'il tient de la nature du verbe passif *être rebâti*, passé p. c. qu'il marque une chose comme étant faite, accordé avec son suj. *ville* p. c. q c'est le part. d'un verbe pass.
2. *Vaincus*, part. p. c. qu'il tient de la nature du verbe passif *être vaincu*, passé p. c. qu'il marque une chose comme étant faite, accordé avec son suj. *Romains* p. c. q. c'est le part. du verbe pass.

PARTICIPES PASSÉS DES VERBES NEUTRES.

Tous les maux sont VENUS de la triste Pandore. As-tu vu quelle joie a PARU sur son visage ?

1. *Venus*, part. p. c. qu'il tient de la nature du v. neutre

venir, passé p. c. qu'il marque une chose comme étant faite, m. pl. accordé avec *maux* suj. de la phrase p. c. qu'il est conjugué avec *être*.

2. *Paru*, part. p. c. qu'il tient de la nature du v. n. *paraître*, passé p. c. qu'il marque une chose comme étant faite, invariable p. c. qu'il est conjugué avec *avoir*.

PARTICIPES PASSÉS DES VERBES PRONOMINAUX.

Les pécheurs se sont REPENTIS. Ces hommes se sont APERÇUS de leurs égarements. Ces hommes-là se sont DIT mille injures. Caton et Lucrèce se sont TUÉS. Une femme s'est LAISSÉE mourir de douleur. Les Macédoniens s'étaient LAISSÉ conduire en Asie par Alexandre-le-Grand, La nouvelle de l'arrivée d'un prince s'est RÉPANDUE. Ils se sont PLU à me le persuader.

1. *Repentis*, part. p. c. qu'il tient de la nature du verbe pronominal ess. *se repentir*, passé p. c. qu'il marque une chose comme étant faite, m. pl. accordé avec le rég. s. *se* (pour pécheurs) p. c. q. ce rég. le précède.
2. *Aperçus*, part. p. c. qu'il tient de la nature du v. *s'apercevoir* ici pron. ess. par le sens, passé p. c. qu'il marque une chose comme étant faite, m. pl. accordé avec le rég. s. *se* (pour hommes) p. c. q. ce rég. le précède.
3. *Dit*, part. p. c. qu'il tient de la nature du verbe pron. act. *se dire*, act. ici par la sign. (ont dit à eux-mêmes des injures), passé p. c. qu'il marque une chose comme étant faite, invariable p. c. qu'il n'est précédé que d'un rég. c. *se* (pour à eux).
4. *Tués*, part. p. c. qu'il tient de la nature du v. pron. acc. *se tuer*, act. ici par sa sig. (ont tué eux), passé p. c. qu'il marque la chose comme étant faite, m. pl. accordé avec le rég. s. *se* (pour *Caton* et *Lucrèce*) p. c. q. ce rég. le précède.
5. *Laissée*, part. p. c. qu'il tient de la nature du verbe pron. acc. *se laisser*, actif ici par la sig., passé p. c. qu'il marque la chose comme étant faite, f. s. accordé avec le rég. s. *se* (pour femme) p. c. q. ce rég. se place immédiatement après lui en tournant la phrase (avait laissé *elle-même* mourir.)
6. *Laissé*, part. p. c. qu'il tient de la nature du v. pron.

acc. *se laisser*, act. ici par la sig., passé p. c. qu'il marque une chose comme étant faite, invariable p. c. q. le rég. s. qui le précède, *se* (pour Macédoniens) se place après l'inf. en tournant la phrase (avaient laissé conduire *eux-mêmes*.

7. *Répandue*, part. p. c. qu'il tient de la nature du v. pron. acc. *se répandre*, pas. ici par la sig. (a été répandue), passé p. c. qu'il marque une chose comme étant faite, f. s. accordé avec le pr. *se* ou avec le suj. *nouvelle* p. c. qu'il le qualifie.

8. *Plu*, part. p. c. qu'il tient de la nature du v. pron. acc. *se plaire*, n. par la sig., passé p. c. qu'il marque une chose comme étant faite, invariable p. c. qu'il ne peut avoir un rég. s.

PARTICIPES PASSÉS DES VERBES UNIPERSONNELS.

Il est ARRIVÉ des soldats. La neige qu'il a FAIT.

1. *Arrivé*, part. p. c. qu'il tient de la nature du v. n. *arriver*, passé p. c. qu'il marque une chose comme étant faite, invariable p. c. que c'est le part. passé d'un v. unipersonnel.

2. *Fait*, part. p. c. qu'il tient de la nature du v. act. *faire*, passé p. c. qu'il marque une chose comme étant faite, invariable p. c. que c'est le part. passé du verbe unipersonnel.

VALU, COÛTÉ. — La somme que m'ont VALU mes abeilles. L'estime que m'a VALUE la visite du duc. Les louis qu'avait COÛTÉ ce cheval. Les soins que m'avait COÛTÉS l'éducation de cet enfant.

1. *Valu*, part. p. c. qu'il tient de la nature du v. n. *valoir*, passé p. c. qu'il marque une chose comme ayant eu lieu, invariable p. c. qu'il est conjugué avec *avoir*.

2. *Value*, part. p. c. qu'il tient de la nature du v. *valoir*, pris ici dans un sens *act.*, passé p. c. qu'il marque une chose comme ayant eu lieu, accordé avec le rég. s. *que* (pour estime) p. c. que ce rég. le précède.

3. *Coûté*, part. p. c. qu'il tient de la nature du v. n.

coûter., passé p. c. qu'il marque une chose comme ayant eu lieu, invariable p. c. qu'il est conjugué avec *avoir.*

4. *Coûtés*, part. p. c. qu'il tient de la nature du v. *coûter*, pris ici dans le sens *act.*, passé p. c. qu'il marque une chose comme étant faite, accordé avec le rég. s. *que* (pour soins) p. c. que ce rég. le précède.

LE PEU. — Le PEU de succès que vous avez OBTENU, a fait voir le peu d'application que vous avez APPORTÉ à l'étude. Le PEU de pays que vous avez PARCOURUS ont été ruinés par la guerre.

1. *Apporté*, part. p. c. qu'il tient de la nature du v. a. *apporter*, passé p. c. qu'il marque une chose comme étant faite, accordé avec le rég. s. *que* (pour le peu) qui le précède, p. c. que ce mot exprime ici *défaut*, *manque.*

2. *Parcourus*, part. p. c. qu'il tient de la nature du v. a. *parcourir*, passé p. c. qu'il marque une chose comme étant faite, accordé avec le rég. s. *que* (pour pays) qui le précède, p. c. que le *peu* signifie ici une *petite quantité.*

LE. — Cette histoire est plus utile que vous ne l'avez CRU.

1. *Cru*, part. p. c. qu'il tient de la nature du v. a. *croire*, passé p. c. qu'il marque une chose comme étant faite, invariable p. c. que le rég. s. *le*, qui le précède, tient la place de l'adjectif *utile* qui n'a ni genre ni nombre par lui-même.

EN. — La crainte de faire des ingrats ou le déplaisir d'en avoir TROUVÉ...

1. *Trouvé*, part. p. c. qu'il tient de la nature du v. a. *trouver*, passé p. c. qu'il marque une chose comme étant faite, invariable p. c. qu'il n'est précédé que d'un rég. c. *en* (pour d'eux).

FAIT. — Une femme s'est présentée; je l'ai

FAIT passer. J'ai fait tous les efforts que j'ai PU.

1. *Fait*, part. p. c. qu'il tient de la nature du v. a. *faire*, passé p. c. qu'il marque une chose comme étant faite, invariable p. c. que le rég. s. qui le précède, *la* (pour femme) se place en tournant la phrase après l'inf. qui reçoit du part. la vertu de régir (j'ai fait passer *elle*).
2. *Pu*, part. p. c. qu'il tient de la nature du v. a *pouvoir*, passé p. c. qu'il marque une chose comme étant faite, invariable p. c. que le rég. simple qui le précède, *que* (pour efforts), se place en tournant la phrase après l'inf. *faire* sous-ent. (j'ai pu faire *lesquels* efforts).

ACCEPTIONS

DE QUELQUES PRÉPOSITIONS.

Je viens DE la campagne J'arrive AVANT midi. Travaillons A notre salut. Il agit SELON l'occasion. Cet enfant est vertueux SANS effort. Il est parti MALGRÉ ma défense. Cette statue est DE bronze.

1. *De*, préposition p. c. qu'il lie deux termes, marque un rapport de lieu, a pour antécédent *je viens* p. c. que l'ordre direct veut que ce mot se place avant lui, et pour complément *campagne* p. c. que le même ordre veut que ce mot se place après.
2. *Avant*, prép. p. c. qu'il lie les deux termes, marque un rapport de temps, a pour ant. *arrive* p. c. que l'ordre direct veut que ce mot se place avant lui, et pour compl. *midi* p. c. que le même ordre veut que ce mot se place après.
3. *A*, prép. p. c. qu'il lie deux termes, marque un rapport de but, a pour ant. *travaillons* p. c. que l'ordre direct veut que ce mot se place avant lui, et pour compl. *salut* p. c. que le même ordre veut que ce mot se place après.
4. *Selon*, prép. p. c. qu'il lie deux termes, marque un rapport d'union, a pour ant. *agit* p. c. que l'ordre direct veut que ce mot se place avant lui, et pour compl. *occasion* p. c. q. le même ordre veut que ce mo se place après.

5. *Sans*, prép. p. c. qu'il lie deux termes, marque un rapport d'exception, a pour ant. *est* p. c. que l'ordre direct veut que ce mot se place avant lui, et pour compl. *effort* p. c. que le même ordre veut que ce mot se place après.
6. *Malgré*, prép. p. c. qu'il lie deux termes, marque un rapport d'opposition, a pour ant. *est parti* p. c. que l'ordre direct veut que ce mot se place avant lui, et pour compl. *défense* p. c. que le même ordre veut que ce mot se place après.
7. *De*, prép. p. c. qu'il lie deux termes, marque un rapport de qualification, a pour ant. *est* p. c. q. l'ordre direct veut que ce mot se place avant lui, et pour compl. *bronze* p. c. que le même ordre veut que ce mot se place après.

ACCEPTIONS DE L'ADVERBE.

Alexandre était VRAIMENT guerrier. Tous les citoyens sont ÉGALEMENT protégés par la loi. Agissez PRUDEMMENT. Cet enfant s'exprime PLUS FACILEMENT que vous. La tortue marche TRÈS LENTEMENT. Cette femme est TOUT A FAIT ridicule. J'irai DEMAIN vous voir. Conduisez-moi où vous voudrez. Il faut PREMIÈREMENT faire son devoir. Cet homme parle BEAUCOUP. Cette personne est VRAIMENT instruite. Monsieur est MIEUX aujourd'hui.

1. *Vraiment*, adverbe (d'affirmation) p. c. qu'il modifie *guerrier*, simple p. c. qu'il n'est que d'un seul mot, au positif p. c. qu'il n'exprime aucun rapp. de comparaison, formé de l'adjectif masculin *vrai* en y ajoutant *ment*.
2. *Également*, adv. (de manière) p. c. qu'il modif. *protégés*, s. p. c. qu'il n'est que d'un seul mot, au posit. p. c. qu'il n'exprime aucun rapp. de comparaison, formé de l'adj. féminin *égale* en y ajoutant *ment*.
3. *Prudemment*, adv. (de manière) p. c. qu'il modif. *agissez*, s. p. c. qu'il n'est que d'un seul mot, au posit. p. c. qu'il n'exprime aucun rapp. de comparaison,

formé de l'adj. *prudent* en retranchant *nt* et en y substituant *mment.*

4. *Plus facilement*, adv. (de manière) p. c. qu'il modif. *s'exprime*, s. p. c. qu'il n'est que d'un seul mot, au comparatif de supériorité p. c. qu'il exprime une modification à un degré plus élevé dans *enfant* que dans *vous*, formé de l'adj. *facile* en y ajoutant *ment.*
5. *Très-lentement*, adv. (de manière) p. c. qu'il modif. *marche*, s. p. c. qu'il n'est que d'un seul mot, au superlatif absolu p. c. qu'il exprime la modification portée au suprême degré sans rapport à d'autres objets, formé de l'adj. féminin *lente* en y ajoutant *ment*, p. c. qu'il n'a qu'une syllabe au masculin.
6. *Tout à fait*, adv. (d'affirmation) p. c. qu'il modif. *ridicule*, composé p. c. qu'il se forme de plusieurs mots.
7. *Demain*, adv. (de temps) p. c. qu'il modif. *j'irai*, s. p. c. qu'il n'est que d'un seul mot.
8. *Où*, adv. (de lieu) p. c. qu'il modif. *conduisez*, s. p. c. qu'il n'est que d'un seul mot.
9. *Premièrement*, adv. (d'ordre) p. c. qu'il modif. *faire*, s. p. c. qu'il n'est que d'un seul mot, il se forme de l'adj. féminin *première* en y ajoutant *ment.*
10. *Beaucoup*, adv. (de quantité) p. c. qu'il modif. *parle*, s. p. c. qu'il n'est que d'un seul mot.
11. *Vraiment*, adv. (d'affirm.) p. c. qu'il modif. *instruite*, s. p. c. qu'il n'est que d'un seul mot.
12. *Mieux*, adv. (de comparaison) p. c. qu'il modif. *est*, s. p. c. qu'il n'est que d'un seul mot.

ACCEPTIONS DE LA CONJONCTION.

Romulus ET Rémus étaient frères. Vous n'avez le droit de mépriser personne, QUOIQUE vous soyez riche: C'est le soleil OU la terre qui tourne. Il aimait la lecture COMME vous l'aimez vous-même. J'irai à Paris DÈS QUE mes affaires me le permettront. Vous serez savants SI vous lisez beaucoup. Sortez, PUISQUE vous ne voulez pas obéir. Cet enfant travaille, AUSSI fait-il des progrès. Je crois QUE Jesus-Chsist est Dieu.

1. *Et*, conjonction p. c. que ce mot lie ce terme *Romulus* à cet autre *Remus*, simple p. c. qu'il n'est que d'un seul mot, copulative p. c. qu'il sert surtout à lier les mots.
2. *Quoique*, conj. p. c. qu'il lie la 1re proposition, *vous n'avez le droit de mépriser personne*, à la 2e *vous soyez riche*, s. p. c. qu'il n'est que d'un seul mot, adversative p. c. qu'il marque une opposition entre ce qui suit et ce qui précède.
3. *Ou*, conj. p. c. qu'il lie, quant aux mots, ce terme *soleil* à cet autre *terre*, s. p. c. qu'il n'est que d'un seul mot, disjonctive quant au sens p. c. qu'il donne l'exclusion à l'un de ces deux mots *soleil* ou *terre*.
4. *Comme*, conj. p. c. qu'il lie la 1re prop. *il aimait la lecture* à la 2e *vous l'aimez vous-même*, s. p. c. qu'il n'est que d'un seul mot, explicative p. c. qu'il donne une explication claire de l'objet.
5. *Dès que*, conj. p. c. qu'il lie la 1re prop. *j'irai à Paris*, à la 2e *mes affaires me le permettront*, composée p. c. qu'il est formé de deux mots, circonstancielle p. c. qu'il sert de lien à deux propositions dont l'une dépend de l'autre par une circonstance de temps.
6. *Si*, conj. p. c. qu'il lie la 1re prop. *vous serez savants* à la 2e *vous lisez beaucoup*, s. p. c. qu'il n'est que d'un seul mot, conditionnelle p. c. qu'il énonce une condition.
7. *Puisque*, conj. p. c. qu'il lie la 1re prop. *sortez* à la 2e *vous ne voulez pas obéir*, s. p. c. qu'il n'est que d'un seul mot, causative p. c. qu'il sert à expliquer une cause.
8. *Aussi*, conj. p. c. qu'il lie la 1re prop. *cet enfant travaille* à la 2e *fait-il des progrès*, s. p. c. qu'il n'est que d'un seul mot, transitive p. c. qu'il marque une transition d'une proposition à une autre qui en dépend.
9. *Que*, conj. p. c. qu'il lie la 1re prop. *je crois*, à la 2e *Jésus-Christ est Dieu*, s. p. c. qu'il n'est que d'un seul mot, déterminative p. c. qu'il lie deux propositions dont la 2e sert à déterminer le sens de la 1re.

INTERJECTION.

Je pleure, HÉLAS ! une mère adorée.

1. *Hélas*, interjection p. c. qu'il exprime un sentiment de l'âme (la douleur).

MATIÈRES D'ANALYSES SIMPLES

ET

D'ANALYSES RAISONNÉES.

AVERTISSEMENT.

On donnera ces exemples pour devoirs aux élèves, en suivant la marche que l'on voit observée dans cet ouvrage ; et afin de les obliger à mettre de l'ordre dans leur travail on exigera qu'ils marquent avant chaque mot analysé par eux, le numéro qui leur aura servi de guide. Les enfants qui n'ont pas encore analysé doivent commencer par l'analyse simple, et quand ils en auront une connaissance suffisante, ils passeront à l'analyse raisonnée, et reprendront les devoirs dont ils auront fait l'analyse simple.

Observation. On n'analysera de ces exemples que les mots distingués par le caractère italique, conformément à la méthode suivie dans les modèles.

SUBSTANTIFS.

Ces *pièces* de poésie sont excellentes. Ce *vieillard* est vénérable. Une *nuée* de peuple courait çà et là. Le *monde* est capricieux. Les *becs-figues* sont difficiles à prendre. Deux *arcs-en-ciel* ont paru hier. Ces *casse-noisettes*, ces *garde-robes* et ces *contre-fenêtres* me *sont utiles*. Que ces *plates-formes* sont négligées! Les *corneilles* sont rares. Les *Paul-Emile* et les *Caton* sont muets pour nous. Alexandre fait la *guerre* à *Darius*. *Dieu* de bonté, protège la *France*.

ARTICLES.

Les victoires *du* général. *Le* berger, *la* bergère, *les* moutons et *les* brebis ont été *la* proie *des* loups. *Les* bienfaits *des* princesses. *La* défaite *des* ennemis. Aspirer *aux* honneurs. Faire l'aumône *aux* pauvres. Allez *aux* missions.

ADJECTIFS.

Les victoires *éclatantes* que les Romains ont remportées. Cicéron était *éloquent*. La vie des hommes est *moins longue* que celles des corneilles. Saül était *plus haut* que tous ses soldats de quatre pouces. Le temps est *très précieux*. Les Français sont *aussi courageux* qu'aucune autre nation de la terre. Alexandre était *le plus brave* de son armée. Ces observations sont *extrêmement dangereuses*. Je suis *mon plus dangereux* ennemi. La mère et la fille sont *les plus instruites*. *Ce* chapeau et *ces* montres appartenaient à mon père. *Ton* lit et *tes* commodes, *son* sabre et *ses* épées ont été emportés. *Mon* livre et *mes* tabatières ont été volés. *Notre* cabinet et *nos* salles, *votre* bureau et vos caves, *leurs* verres et *leurs* assiettes, tout a été endommagé. De l'autre part se sont trouvés quatre-*vingt*-six docteurs séculiers. Une salle était soutenue de six-*vingts* colonnes. Rome vous demandera trois *cent* vingt de nos principaux citoyens. Sais-tu bien ce que c'est que cinq *cents* écus ? Qu'arriva-t-il l'an *mil* six *cent* quatre-*vingt*-dix ? Il y avait deux *cent mille* Russes sous les armes. Cette pendule s'arrête à *toute* heure. *Toute* la paroisse a vu l'évêque arriver. Ces enfants sont *tout* bougeants. *Toutes* ces terres n'appartiennent pas à M. le duc. Vous m'enseignez là une règle *toute* neuve. Ces dames étaient *tout* éplorées. *Quelques* amis que je m'étais faits, m'ont servi dans cette occasion. *Quelque* sincères que soient les hommes. *Quelle que* soit votre naissance. *Quelques* beautés *qu*'il sème. *Julie* et sa fille étaient *vicieuses*. Le duc et la duchesse sont *bienfaisants*.

PRONOMS.

Nous régnerons, disaient les femmes. *Je* suis Thémistocle. *Vous* vous réjouirez une autre fois, mes filles. *Tu* te conduis mal, mon fils. Un loup dit *qu*'il avait été volé. Vierge Marie, *vous* êtes le refuge des pécheurs. Paul-Emile était à la bataille de Cannes, *lui* et Varon commandaient les Romains. Les avocats disent qu'*ils* ne plaideront point cette cause. Qu'*elle* était courageuse la reine Arthémise! Philotas et Parménion étaient aimés d'Alexandre; *eux* et Cratère étaient ses meilleurs officiers. Qu'*elles* étaient guerrières les amazones! La méchanceté *me* nuit, disait une reine à un ministre. Que mes sujets *me* révèrent! disait un bon prince. Ils *nous* avaient cependant promis fidélité. Quelques méchants *nous* ont trahis, disaient les soldats carthaginois. Tu *te* donnes trop de mal, ma fille. Tu *te* perdras, jeune étourdi. Jésus-Christ *vous* fait la grâce de vous convertir, filles dénaturées. Dieu *vous* protège, enfants vertueux. Je n'estime que *lui*. Connaissez-*vous* mon colonel? N'estimer que *soi*...Je vais chez la comtesse, je *lui* parlerai de vous. L'enfant *s*'amuse. Ne parler que de *soi*. Les femmes *se* disent mille injures. Son oncle et le *mien*, sa nièce et la *mienne*, votre fils et le *nôtre*, votre fille et la *nôtre* ont péri dans ce naufrage. Mon cheval et le *sien*, ma brebis et la *sienne*, son belier et le *leur*, sa chienne et la *leur* ont été perdus. Cette mégère a médit de vos familles et des *miennes*. On a démoli vos jardins et les *miens*. Il parlait de vos aventures et des *nôtres*. Ce poète chantera tes exploits et les *nôtres*. Je respecterai vos terres, ne nuisez pas aux *miennes*. Le ministre estimait vos frères et les *miens*. Ne touchez ni à ses poires ni aux *nôtres*. Vos asperges sont belles, cependant je préfère les *nôtres*. Je me servirai de vos armes et des *siennes*. L'ennemi a ravagé mes champs et les *siens*. Obéissez à mes lois et aux *leurs*. On épargnera mes biens et les *leurs*. Caton et Lucrèce se sont tués; *celle-ci* était jeune, *celui-là* vieux. Prenez ce fruit; *celui* que vous tenez là n'est point mûr. Donnez-lui ses armes, il les préfère à *celles* qui ont servi à ses ancêtres. Tous les hommes ne méritent pas notre confiance; on estime *ceux* qui sont justes. Les personnes *qui* sont les plus légères. L'élève *qui* court... Les harangues *que* ce général a faites... Le livre *que* je lis .. Le talent *dont* Dieu m'a doué... Les vertus *auxquelles* il a sacrifié ses plaisirs... Le bonheur *auquel* j'aspire... Je vous donne un avis, vous m'*en* saurez bon gré. Voilà des familles *dont* on plaint le sort. Voilà mes *plaies*, mettez-*y* vos doigts (Jésus-Christ). Que ces femmes sont insolentes! Gardez-vous bien d'*en* contracter les habitudes. Ce à *quoi* vous ne preniez pas garde... Que les vertus sont estimables ! préférez-*les* aux richesses et à la gloire. Voilà le maître ; imitez-*le*. Cette histoire est plus intéressante que vous ne *le* pensez. S'il faut se dévouer, *qui* l'osera ? Quand *on* est commère, on n'est pas estimée. *On* n'aime pas les menteurs. *Quelqu'un* a cru qu'une tortue soutenait le monde. *Quiconque* passe par là paiera tant. Ces dames ont pris *chacune* leur voiture pour parcourir la campagne. Il faut que les hommes s'occupent *chacun* selon sa condition. César et Pompée ne s'aimaient guère *l'un l'autre*. On est jaloux de la gloire d'*autrui*. *Tel* qui donne à pleines mains n'oblige personne.

VERBES.

Tu *chantais* un cantique quand j'entrais dans l'église. Je *suis* oiseau ; voyez mes ailes (chauve-souris). Nous *avons vu* le roi le mois dernier. Dieu *punit* Adam lorsqu'il eut désobéi. Le dauphin et le ministre *commanderont* cette armée. Quand vous *eûtes entendu* la messe vous *sortîtes*. Vous *aurez appris* la nouvelle avant que j'arrive. Ils *auraient été avertis* par vous, s'ils avaient retardé leur départ. Nous *serions flattés* par eux, si nous étions puissants. *Pars*, mon fils, pour la guerre. Aviez-vous peur qu'il ne *se ressentît* de sa prouesse ? Je vous fais ce présent afin que vous *vous souveniez* de moi. Il n'y a rien dont il *se fût rebuté*. Il faut qu'il *se soit attendu* à vous voir. Quel est l'homme qui ne *se nuise* en faisant le mal ? C'est la moindre des choses qu'il se *soit permises*. Le Cid est une des meilleures critiques qui *se soient faites*. Il n'y a dans nous aucune passion qui ne *se dompte* par le secours de Dieu. Etait-ce là le seul malheur qu'il *se fût occasionné* ? Il est nécessaire que tu *te convertisses*. Annibal ne croyait pas que ce combat *se fût engagé*. Ils douteront toujours que vous *vous soyez repentis*. Qui a douté que la méfiance ne soit mère de la sûreté ? Craigniez-vous qu'ils ne se *fussent parlé* ? Doutez-vous qu'il ne vous *importe* d'être juste ? Je déteste *rester* long-temps à table. *Instruire* est mon devoir. Je suis *devant partir*. Il voyait la vertu, et séchait de douleur de l'*avoir abandonnée*. La plupart des hommes *oublient* leurs principaux devoirs. Le peuple *est* un mauvais juge. Assez et trop d'hommes *avaient vu*. Une foule de monde *se précipitait* là-dedans. L'infinité des perfections de Dieu m'*accable*. Combien peu *ont* assez de vie pour voir toute leur gloire ! Une des plus belles maximes de la milice romaine *était* qu'on n'y louait point la fausse valeur. Tésias est un des premiers qui *aient exécuté* cette entreprise. Ce *sont* les lois justes que nous aimons. *C'était* vous qu'on attendait *Etaient*-ce là toutes vos richesses ? *Est*-ce eux que vous attendez ? Annibal et Pompée *passent* pour de grands généraux. *Seraient*-ce là vos ouvrages ? Vous et le ministre *connaissez* les meneurs. La reine Elisabeth et moi *allâmes* voir le chancelier Bacon. La peur ou le besoin *fait* tous ses mouvements. Vous et moi *avons* de l'expérience. Ni mon grenier ni mon armoire ne se *remplit* à babiller. Ni vous ni moi *n'avons tenu* ce langage. Le Pérou, Le Potose, Alzire *est* sa conquête.

PARTICIPES.

Vois-tu ces femmes écrasées sous ces lambris *fumants ?* Toutes les planètes *circulant* autour du soleil. Dieu nous ı *faits* justes. Les laboureurs ont *cultivé* leurs terres. La ettre que j'ai *vu écrire*. Profitez des grâces que vous ıvez *reçues*. Tôt ou tard la vertu et les talents sont *vengés*. Voilà le pays qui nous a *vus* naître. Par qui a été *ommise* cette faute ? Les temps prédits par la sibylle ont enfin *parvenus* à leur terme. Dix mille Romains ıvaient *échappé* au carnage. Elles s'étaient *attendues* vos menaces. Voilà des fautes dont ils ne se sont ıas *souciés*. Lucrèce s'est *donné* la mort. Nous nous ›ommes *efforcés* à vous plaire. Nous nous sommes *aissé* contraindre. Cette personne s'est *plainte* de vous. Votre maison s'est *louée* fort cher. Les hommes qui s'éaient *laissés* périr. Ils se sont *ri* de vous et de moi. Une oule d'écrivains se sont *plu* à recueillir ces faits. Il été *perdu* une lettre intéressante. Les bruits qu'il y *eu*. La somme que m'avaient *valu* ces chevaux. L'esime que m'avait *value* mon courage. Cet homme doit ›on malheur au peu de précautions qu'il avait *pris*. Que de pleurs son départ m'avait *coûtés !* L'affaire paraisıit plus sérieuse que je ne l'avais *pensé*. Le peu de ermeté qu'avait *montrée* ce général *fit* taire les méontents. Voilà deux enfants qu'on a *fait* élever dans la crainte de Dieu. Vous me parlez de la superstition des Italiens, j'en ai *vu* qui étaient philosophes. J'ai pris toutes les précautions que j'ai *dû*.

PRÉPOSITIONS.

Restez *chez* vous *pendant* la guerre. Je vais voyager *en* Italie. Demeurez tous *avec* moi, *hormis* deux ou trois. Savez-vous quelque nouvelle *touchant* son procès ? Ce navire va *contre* vent et marée. Ce que vous me dites là est contraire à la vérité. Je ne ferai point le voyage *de* Paris.

ADVERBES.

Vous réussirez *difficilement*. Louis XIV était *vraiment* roi. Les Antonin furent *constamment* vertueux: Parlez plus *poliment* que votre confrère. Vous criez trop *fortement*. Partirez-vous bientôt? *Tout-à-coup* je vis venir un cavalier. Vous parlez *trop*. J'irai *volontiers* le voir.

CONJONCTIONS.

Turenne *et* Condé ont servi sous Louis XIV. Je vous pardonne, *cependant* vous ne le méritez point. Jésus-Christ est notre roi, *c'est à dire* notre Dieu. J'irai dîner chez vous, *pourvu qu'il* n'y ait point d'étrangers. Venez ici *lorsque* vous serez libre. On m'attache pendant le jour, *afin que* je veille pendant la nuit. Tel est son caractère, *du reste* c'est un fort honnête homme. Je sais *que* Jésus-Christ nous jugera.

INTERJECTIONS.

Oh! que le sort des rois est digne de pitié !

FIN.

OUVRAGES ÉLÉMENTAIRES DE M. L'ABBÉ BROUSTER.

COURS COMPLET

DE

LANGUE FRANÇAISE.

1. *Grande Grammaire* française à l'usage des colléges, 3e édition.

2. *Petite Grammaire* française à l'usage des écoles primaires, 4e édition.

3. *Cacographie* sur un plan tout-à-fait nouveau, 3e édition.

4. *Corrigé* du même ouvrage à l'usage des maîtres.

5. *Cacologie* pareillement sur un plan nouveau.

6. *Corrigé* du même ouvrage à l'usage des maîtres.

7. *Guide analytique* ou modèles d'analyses simples.

8. *Guide analytique* ou modèles d'analyses raisonnées.

9. *Traité des figures* de grammaire.

L'attention scrupuleuse avec laquelle M. l'abbé Brouster a revu les dernières éditions de ses *grammaires*, donnera sans doute un nouvel accroissement à l'estime dont le public a déjà honoré ces ouvrages classiques.

La *Cacologie* et la *Cacographie* contiennent des devoirs gradués sur toutes les règles de l'orthographe et de la syntaxe suivant l'ordre de la grammaire.

Les *Guides analytiques,* ouvrages sur un plan tout-à-fait nouveau, se recommandent par la simplicité et la méthode et par l'avantage inappréciable de présenter aux élèves le moyen de vaincre toutes les difficultés concernant l'analyse.

www.ingramcontent.com/pod-product-compliance
Ingram Content Group UK Ltd.
Pitfield, Milton Keynes, MK11 3LW, UK
UKHW020200200726
13856UKWH00003B/1103